윤위식의
수필집

너에게 못다 한 말

맑은샘

너에게 못다 한 말

초판 1쇄 인쇄 2025년 09월 16일
초판 1쇄 발행 2025년 09월 25일
지은이 윤위식

펴낸이 김양수
책임편집 이정은
교정교열 연유나

펴낸곳 도서출판 맑은샘
출판등록 제2012-000035
주소 경기도 고양시 일산서구 중앙로 1456 서현프라자 604호
전화 031) 906-5006
팩스 031) 906-5079
홈페이지 www.booksam.kr
블로그 http://blog.naver.com/okbook1234
이메일 okbook1234@naver.com

ISBN 979-11-5778-717-3 (03800)

* 이 책은 저작권법에 의해 보호를 받는 저작물이므로 무단전재와 무단복제를 금지하며, 이 책 내용의 전부 또는 일부를 이용하려면 반드시 저작권자와 도서출판 맑은샘의 서면동의를 받아야 합니다.
* 책값은 뒤표지에 있습니다.
* 파손된 책은 구입처에서 교환해 드립니다.

이 책은 한국예술인 복지재단으로부터 출간비 지원을 받았습니다.

| 책머리에 |

　세월의 때가 켜켜이 눌어붙은 얄팍한 양심과 있는 속 없는 속 다 털어놓고 실없이 다투다가 잠 못 이루는 밤이 더러 있다. 아날로그를 디지털에 꿰맞춰 보려고 무던히 애를 써도 모서리마다 아귀가 안 맞는다. 현실에 맞추자며 타협을 하려고 밤마다 마주한다. 날 새면 못 하는 말을 밤에 한다. 안 할 말이 아닌데 날만 새면 꾹꾹 눌러놓았던 말들이 밤이 되면 머릿속에 스멀거린다. 양심이 실리 앞에 낮에는 기가 죽어 아무 말 않다가 밤이 되면 살아나서 오금을 박는다. 철없던 젊을 때는 아무 말 않더니 해거름이 돼서야 가려서 한답시고 이말 저말 섞어 가며 속에 없는 말만 하면 옆구리를 찌른다. 때로는 분하고 더러는 억울해도 그러려니 하다가도 두고두고 서운하면 푸념으로 풀었다.

　긴가민가할 때마다 선현들의 도포 자락을 눈치껏 잡아끌며 길을 묻기도 수없이 하였고 겁도 없이 천왕문을 함부로 들락거리며 불보살 앞에서 무릎 꿇기도 원 없이 했으며 하늘에 두 손 모으기도 한없이 했고 돌부처 앞에서 원망도 많이 했다. 어디든 발끝이 닿는 곳은 서릿발이 치솟은 동토였고 바람은 언제나 맞바람이 불었다.

분풀이도 할 데 없어 병 없는 속을 생으로 앓으면서 나랏일에 시비 걸고, 별들이 자갈 밟는 소리를 하는 밤이면 하늘에 대고 하소연도 하며 목장승에 오금 박기도 원 없이 했다. 그래도 속 비우자고 복수초 필 때면 매화 가지를 붙잡고 꽃샘추위를 달랬고, 뻐꾸기 목쉰 소리에 보릿고개 넘던 날을 되돌아보았으며, 그리움이 앞장서는 가을 길도 걸어보고, 가난이 서러워서 문풍지 울던 긴긴 겨울밤도 뒤적거렸다. 바람에 데인 상처가 아직도 아물지 않아서 서럽지 않으려고 써버린 낙서들을 주섬주섬 챙겨서 책으로 엮었다.

| 목차 |

책머리에 •03

01 5천 원짜리 자전거 •09
02 가상 알현 •13
03 가을이 멍든 날 •16
04 개고기와 말고기 •19
05 겁 없는 포부 •24
06 겨울바람 •27
07 겨울밤의 잡념 •30
08 겨울비 •33
09 겨울의 벚꽃나무 •35
10 고향은 지금 •40
11 공천 흑막과 꼼수 정당 •42
12 괜한 걱정일까 •44
13 국민의 선택 심리 •46
14 국태민안은 요원한 것인가 •48
15 그래도 봄은 오고 있다 •50

16 그리워서 피는 꽃 •52
17 극으로 가는 세상 •55
18 기러기 날아오면 •58
19 길에서 길을 찾다 •60
20 깊어가는 가을의 상념 •63
21 나의 듣기평가 점수 •65
22 남사 예담촌 •67
23 농산리 석불입상 •69
24 늘그막의 삶의 지혜 •71
25 늦더위와 텃밭 농사 •74
26 단풍 예찬 •76
27 달력 속에 갇혀버린 5월 •78
28 대꾸 마라 진언 •81
29 도로아미타불 •84
30 독도는 지금 •86

31 마지막 잎새 •88	51 송년회고 •145
32 말과 글의 잔재주 •90	52 신년의 다짐 •147
33 명절날의 고민거리 •93	53 신록의 계절 유월 •149
34 미물과의 교감 •96	54 신춘 소회 •152
35 밀레의 또 다른 그림 •98	55 싫다는데 어쩌나 •154
36 벌꿀과의 인연 •102	56 앞선 자의 고난 •156
37 법 좋아하는 사람 •106	57 애들은 어디에 •158
38 복수초는 피었는데 •108	58 어버이날을 맞아 •161
39 봄바람을 한껏 잡고 •111	59 역천 망언 •163
40 봄은 어디쯤 오고 있나 •114	60 영부인과 제2부속실 •167
41 부끄러운 1위 •117	61 올해의 사자성어 •169
42 북한은 지금 •119	62 왜들 저러나 •171
43 비밀번호와의 불편한 동거 •121	63 요동치는 정가 •173
44 삼랑진행 유정열차 •124	64 우리는 어디로 가고 있나 •175
45 새로운 도전의 용기 •129	65 유월의 청춘송(青春頌) •179
46 새봄이 오는 길목 •134	66 유월이 되면 •182
47 새해에 비는 소원 •136	67 의사 파업 명분 없다 •185
48 선생님들의 수난사 •139	68 의사들의 반란 •188
49 세정 패설(世情悖說) •141	69 이 사회가 져야 할 책임 •190
50 소모성 논쟁 •143	70 장맛비 오는 날 •192

71	정을 주지 말았어야지 ·194		91	추대받을 인물은 없는가 ·245
72	정치에 대한 편견과 편협 ·197		92	내우외환 ·247
73	정치인들의 현수막 ·199		93	가을의 들머리에서 ·249
74	진위 다툼의 허와 실 ·202		94	관룡사 ·251
75	천지개벽의 시대 ·205		95	벽송사 ·256
76	청와대를 되찾은 유공자들 ·208		96	불일 폭포 ·261
77	친절한 불한당 ·211		97	시일야방성대곡 ·266
78	폭염 횡포 ·215		98	아나 콩콩 ·268
79	하늘은 알고 있다 ·218		99	여명의 몸부림 ·270
80	핵무장이 절실하다 ·221		100	칠불사 가는 길 ·272
81	현충일 ·224			
82	환자 수를 줄일까요 ·226			
83	호우 대비와 대응 소회 ·228			
84	광란의 시대 ·230			
85	잡념의 묘미 ·232			
86	또 한 해를 보내며 ·234			
87	메디컬 캡슐 ·236			
88	보고 싶은 사람 ·239			
89	여름나기 ·241			
90	봄바람 ·243			

01

5천 원짜리 자전거

아침 해가 뜰 무렵이면 우리 두 식구도 아침밥을 먹기 때문에 여느 사람 못지않게 늦은 아침도 아니다. 서둘러서 집을 나서면 누가 보면 열심히 직장에라도 가는 줄 알겠지만 뭐래도 상관없는데, 그는 벌써 아침 일을 끝내고 지상 주차장 제일 안쪽 구석 자리에서 골판지 박스와 고철 등 고물을 정리하고 있다.

매일 아침 그에게 건네는 나의 아침 인사가 그가 하는 작업에 따라 다르다. 그가 자전거 바퀴를 돌려보며 이곳저곳을 살피고 있어 아침 인사를 건넸다.

"멀쩡한 것 같은데?"라고 했더니,

"돈이 되든 안 되든 나야 좋지만 다들 잘 버려요."

세상 걱정을 혼자 다 하듯이 얼굴을 찌푸리며 하는 그의 인사말에, 나는 고개만 끄덕이며 더 할 말이 없다.

타이어 펑크 났다고 버리지는 않았을 것 같은데 사연이야 모르지만 요즘 사람들은 너무 쉽게 버린다는 생각을 떨칠 수가 없다.

해 질 무렵이었다.

"타이어도 새것 같아 바람을 넣었더니 생생합니다. 가져가 타이소."

퇴근하며 같은 장소에서 만났는데 기다렸다는 듯이 나를 불러세웠다. 막상 가져가라는데 망설여졌다. 여자용이라서 내겐 소용도 없거니와 집에 가져가면 집사람이 좋아할지 안 할지 몰라 머뭇거리다가,
"아~ 예, 집에 갔다가 내려올게요."
"기어도 잘 들어가고, 접이식이라 차 트렁크에 실어도 됩니다."
앞뒤 사정까지 고려해서 정성으로 설명을 하는데 듣는 나는 건성으로 고개만 끄덕끄덕하고 집으로 왔다.
집사람한테 물어봐야 하나 아니면 다시 내려가서 필요 없다더라고 둘러대야 하나 망설였다.

요즘 여자들은 당장에 필요하지 않으면 싫어하고 이따금 쓰일 것도 집을 어지럽힌다며 싫어한다. 이웃집에서 연장을 빌려 쓰던 시대도 아니다. 필요할 때 주문하면 다음 날이면 택배로 온다. 그것도 한번 쓰고 나면 더는 쓸 일이 없을 거라며 애물로 취급하고 미련 없이 버린다. 언젠가 쓸 일이 있을 것 같은 도구나 연장도 남정네들은 안사람 모르게 눈치껏 보관해야 한다. 아파트 재활용 모으는 곳에는 예쁜 쓰레기가 언제나 쌓여있다. 그도 그럴 것이, 요즘의 주거 공간에는 장식품 말고는 제자리가 없다. 연장이나 기구 보관하기를 시골 고향집만큼이나 귀찮게 여긴다. 정리 정돈하며 깔끔하게 살려는데 토를 달다가는 통만 맞는다. 괜한 짓을 했나 하고 어물쩍 뜸을 들여,
"고물 줍는 3층 아저씨가 자전거 하나 가져가라던데?"
"뭔 자전거를?"
"몰라, 필요하면 내려가 봐요. 지금 기다리고 있어."

퇴박맞을까 봐 아닌 척하고 딴청을 부리는데 "으-음"하고 잠시 생각하더니,
"같이 가봐요" 하는 말에 안도하며 아닌 척 굼뜨게 뒤를 따랐다.

첫눈에 맘에 들었던지 화색을 띠며 "나쁘지 않은데!" 하고 이모저모 살핀다.
요즘 사람들의 유튜브 때문에 유행어를 잘도 쓴다.
"나쁘지 않지?" 하고 비아냥거렸더니 눈치는 빨라서 피식 웃기에 그새 미안해서 "접어도 된대" 했더니 자전거에 올라 원을 그리며 마당을 한 바퀴 돈다.
"탱글탱글합니다. 타이소" 하며 3층 아저씨가 더 좋아한다.
빤히 나를 쳐다보던 그가 "소주 한잔 먹게 5천 원!"하며 엄지손가락을 척! 하더니 겸연쩍은지 눈을 찡긋한다.

사은품으로 끼워주는 예쁜 쓰레기, 포장지도 뜯지 않은 소박데기, 아파트 재활용 분리수거장이 요절한 청춘들의 절통한 원성으로 아비규환의 아수라장이다. 풍요의 반란이다. '솥 때우소! 냄비 때우소!' 무슨 소리인지 알아들을 사람이 몇이나 될까. 구멍 난 솥이나 냄비를 때우라는 소리다. '두부 사려!' 하며 골목골목 다니던 두부 장사처럼 골목을 누비며 다녔다. 양산이나 우산을 고쳐주는 사람은 5일 장날이면 일찌감치 제자리에 전을 편다. 전설의 고향 이야기가 아니다. 고무신을 때워주던 신 때우는 사람과 함께 우리들의 할아버지와 할머니가 즐겨 찾으셨던 거래처다.

애틋한 마음에 짠한 그는 멀쩡한 물건이 나오면 필요한 주민에게 챙겨준다. 하루 일을 끝낸 그를 승강기 안에서 만나면 "이제 한잔해야지" 하며 손에 쥔 검은 비닐봉지 속의 소주병을 번번이 자랑한다. 노동의 대가로 보상받은 저 행복을 어디다 비길 건가.

혼자 살면서도 국경일이면 제일 먼저 태극기를 내걸고 불편한 한쪽 다리를 끌며 매일 같이 리어카를 밀고 새벽길을 나선다. 가족도 없이 혼자 살면서 이웃을 챙기는 그다. 5천 원짜리 자전거가 내게 마음의 값을 셈해보게 한다.

집사람이 자전거를 끌고 승강기를 타면서
"논둑에 호박이라도 심어야겠네" 하고 나를 빤히 쳐다본다.
우리 아파트 뒤로 경전선 기찻길을 걷어낸 자전거 도로를 따라가면 걸어가기에는 약간 먼 곳에 우리 논이 있다. 길을 따라 논둑이 꽤 높고 넓다. 집사람의 뜬금없는 소리가 아닌 것을 얼른 알아차렸다.
올여름엔 애호박 반찬을 푸지게 먹게 되었다.

02
가상 알현

 "말씀하신 것처럼 무더위가 무쇠솥을 녹이는데 오늘은 야단치지 마시고 들어주십시오. 장군께서는 열두 척의 배로 열 배도 넘는 왜군 전함을 궤멸시키셨지만, 이는 필사즉생 필생즉사의 정신 무장이 있었기 때문이고요. 요즘은 온갖 꾀 다 파서 없는 병 만들어 징집 면제 받고 종교 들어대며 군에 안 가고 외국 나가서 기피하고요, 일반병도 18개월 만기 제대할 때 봉급으로 2천만 원도 넘겨주는데 빠질 수 있는 온갖 재주 찾겠다는데 앞날이 정말 난감합니다."
 "모조리 징집해야지."
 "에이, 높은 자리 차지하고 있는 분들은 군대에 갔다 온 사람이 몇 안 되고요, '모조리'라고 했다간 온갖 TV 채널의 품팔이 떠버리들이 신바람 나게 게거품 물 거고요, 위장 정의파 패거리들은 이때다 싶어 벌떼처럼 일어나 정권 타도하려 들 건데요."
 "그건 족치면 되고, 퍼다 주고 싸다 주며 남북 회담했고 먼 나라 대통령까지 빌려서 회담을 해도 핵무기 만들 시간만 벌어주었잖느냐? 남의 나라는 믿지 말라고 내 누누이 일렀건만 뭐 하는 짓들인가?"
 "오늘은 야단 안 치기로 하셔놓고."

"내 야단 안 치게 생겼어? 저것들은 우리 우방국들 꼼짝 못 하게 묶어두려고 핵탄두 ICBM 만들었고, 엎드리면 코 닿을 우리한테는 핵미사일 만들어서 실전배치 다 했고, 고성능 방사포에다 레이다에도 안 걸리게 저공비행 자폭 드론도 대량 생산을 한다는데 두 손 재배하고 있을 거여?"

어이없는 듯이 한숨을 내쉬더니 대노하신다.

"파키스탄과 우크라이나를 비교해 보라고. 인도와 파키스탄, 러시아와 우크라이나, 같은 처지로 분리되면서 파키스탄은 핵을 갖고 나왔으니까 인도가 해코지를 못 하는데, 러시아 봐. 우크라이나가 핵을 두고 나왔으니까 러시아가 만만하게 보고 침공을 했잖아? 내 말 못 알아들어?"

"알아듣습니다."

"그런데 왜? 뭣 때문에 이러고 있냐고? 답답한 것들아!"

"한반도 비핵화…."

"그놈의 한반도 비핵화 그만 들먹거려! 한반도 비핵화는 혼자서 하는 건가? 저들은 핵무기 만들어 전쟁 준비를 다 해놓았는데 너희만 비핵화한다고? 한시가 급한 거야, 이것들아!"

"핵확산금지조약도 있고 해서…."

"뭬야! 10조 1항 좀 봐 봐, 그것도 몰라? 예외 규정도 있잖아, 예외 규정! 독야청청한다고 만고상청할 것 같아?"

"정치하는 양반들은 그 속을 어찌 압니까? 종신 직장으로 목을 매는데."

"뭔 소리! 나라가 있어야 정치를 하지."

"더구나 요즘 젊은이들이 아이를 안 낳으니까 나중엔 군대에 갈 인원도 없을 겁니다."

"애도 없이 가정을 꾸려?"

"에이~ 혼자 산다는데 가정은 뭔 가정입니까. 정 붙일 데 없으면 개 키우면 되고요."

"개가 사람이냐? 내 얼핏 듣기는 했다만 개는 개일 뿐이야."

"에이 그러시면 개하고 사는 사람들이 벌떼같이 들고 일어날 겁니다. 상조회도 있고요, 식당도 카페도 있고요, 개 장례식장도 으리으리합니다."

"달리 개판이 아니라 그게 개판이야, 꼴 좋다! 가문 잘 되어간다."

"가문 운운했다간 꼰대라고 상대도 안 해줍니다. 성은 언제든지 바꾸어도 되고 새로 만들 수도 있고 어머니 성을 따르기도 하여 족보가 없어지는데 뭔 가문입니까?"

"쯧쯧쯧. 배부르니까 말세라더니 이 무슨 변괴인가. 이제는 한시름 놓았나 했는데 이 뭔 소린가. 큰 칼 풀어놓고 시름 전송하던 차에 어디서 이런 소리가 나의 애를 끓나니."

03

가을이 멍든 날

충무공동의 동진대로 가로수가 가을이 농익어서 단풍이 절정이다. 차를 몰고 오가면 전방주시 하느라 영롱하게 물든 가로수의 단풍을 느긋하게 즐기기에는 여유롭지 못하다. 더구나 승용차로 다니면 지역민과도 멀어지기 때문에 차를 두고 시내버스를 가끔 타기로 했다.

문산 사거리에서부터 공단 광장까지 혁신도시인 충무공동을 관통하는 280번 버스를 탔다. 출근 시간이 막 지났는데 빈자리가 경로석 한 석뿐이다. 다행히 서서 가는 사람이 없어 마음 가볍게 앉았다. 77세면 경로석에 앉아도 부담스러울 나이는 아닌데 혹시나 임산부나 노약자가 있나 하고 경로석은 언제나 신경을 쓰게 하는 자리다.

모처럼 탄 버스 안에는 낯선 사람들이 대다수다. 지역민과 날만 새면 마주치던 옛 세월은 아파트가 들어서면서 가마득히 멀어졌다. 더구나 대부분이 승용차로 출퇴근하고 있어 이웃 사람조차 마주칠 일이 없어졌다. 딱히 친분은 없었어도 서로가 알아볼 수 있는 사람들이 있어 반가워서 목례를 했더니 그쪽에서도 차 속이 아니었으면 덥석 손이라도 잡을 듯한 반가운 표정이다.

옛사람을 다시 보는 기분 좋은 아침이 여기 있었구나 하고 더 많은 얼굴들이 차 유리에 어른거리는데 차창 밖은 가로수의 단풍이 절정이다. 문산초등학교에서부터 길 양편으로 줄지어 선 가로수가 울긋불긋 물들어서 가을의 절경 속으로 빨려든다. 노랗거나 빨갛게 물들어도 색감의 농도에 따라 정감이 다르고 색색의 빛깔들이 마음을 물들이며 황홀경을 이룬다.

내릴 곳이 공단 광장이라서 안심하고 단풍의 황홀경에 빠져 정류소에 닿을 때마다 양편의 가로수에 홀려 정신을 놓고 있는데 종합운동장 정류소에 닿으니 아기를 업은 신중년 여자가 차에 올랐다.
요즘은 아기를 보는 것이 행운을 예고하는 것 같아서 얼른 자리에서 일어섰다. 운전기사 다음의 다음 자리여서 첫눈에 포대기로 아기를 감싸 업은 그를 반기며 자리를 내주었다. "앉으세요" 하는 말이 채 끝나기도 전에 엉덩이를 휘둘러 잽싸게 앉으며 고맙다는 말도 없다. 어디 고맙다는 인사받으려고 자리를 양보한 것도 아닌데 아무렴 어떠냐 했다. 우리 모두의 희망이고 우리 모두의 미래인 아기를 보게 된 행운인데 그깟 인사치레가 무슨 문제인가?

얼른 포대기 속에 있는 아기가 보고 싶어 내려다보았다. 우리 세대의 기억에는 아기에게서 나는 젖 냄새도 좋고 잠든 얼굴도 좋고 방긋 웃는 모습은 간장을 녹이고 심지어 우는 아기도 좋아서 어쩔 줄 모르는데 이게 웬일인가. 눈앞이 하얗다.
버스는 왜 이리 느리고 두 정류장 남은 거리가 왜 이리도 멀고 먼가? 한 정거장을 남긴 소방서 앞의 단풍은 온통 회색빛이고 머릿속이 하얗게 변하며 속이 울렁울렁 매스껍고 어지러웠다. 깊숙한 포대기 속에서 고개를 내밀고 말똥말똥 나를 쳐다보는 것은 하얀 강아지였다.

04
개고기와 말고기

어느 나라든 고유의 식생활 문화가 있다. 개고기를 먹지 않는다는 외국인은 말고기는 즐겨 먹는다. 반면에 말고기는 먹지 않아도 한국인은 개고기는 즐겨 먹었다. 특히나 체력소모가 심한 삼복더위에 몸보신에 효험이 있다고 하여 보신탕이라는 별식으로 즐겼다. 얼마 전까지도 농촌에서는 복날에 마을 사람들이 모여서 강이나 계곡에서 개고기를 먹으며 하루를 즐기기도 했고 친목 단체인 계모임에서 흔한 일이었다.

조선 왕실에서도 개고기를 먹었다는 기록이 있는 우리의 고유한 별식이다. 물론 요즘처럼 개를 안방에서 기르는 애완견이나 반려견은 있지도 않았고 듣지도 보지도 못했으며 집이나 지키라고 마루 밑이나 마당 한쪽에 개집을 지어서 보안용으로 키워온 황구니 백구니 하던 덩치가 큰 개가 있을 뿐이다.

지금도 애완견이나 반려견을 먹는 것이 아니고 우리의 토종 개이거나 아니면 사육장에서 기른 개인데 개고기를 먹는 것이 동물 학대이며 외국인이 야만인 운운한다고 덩달아 어깨춤을 추며 개식용금지

법을 만들자고 시위하고 있다.

　이들을 보며 이 나라가 과연 문화의 정체성이나 가치관을 가진 것인지 믿음이 가지 않으며, 민주주의의 철학을 근본으로 삼고 있는지 의심하지 않을 수 없다. 법은 최소한의 도덕이다. 사람이 지켜야 할 것 중에 강제하지 않으면 다른 사람에게 심각한 피해를 주거나 사회적으로 큰 혼란이나 비용을 발생시키는 경우에만 법을 만들어서 국민을 강제한다.

　우리의 전통 식문화인 개고기를 먹으므로 하여 누구에게 피해를 주며 사회적으로 어떤 혼란이나 비용을 발생시키는지 답을 듣고 싶다. 누구에게도 피해를 주지 않고 그 어떤 비용 부담도 사회에 지우지 않으며 미풍양속을 해치는 것도 아니다. 술은 먹고 나서 사고를 치는 일은 있어도 개고기를 먹고 사고 치지는 않는다. 차라리 개 사육을 규제하자는 말이 옳다. 당장 이웃에 대한 개털 날림과 소음 피해 및 분변으로 인한 환경 오염과 개 물림으로 인한 인명 살상의 피해를 주고 있으며 식량부족 현상을 가속화하고 사체 처리와 유기견 포획 및 관리에 사회적 비용을 심각하게 발생시키고 있다.

　개고기를 먹으면 야만인이고 말고기를 먹으면 문화인인가. 요즘 전국에 말고기 전문식당이 생기고 있다. 야만인 안 되기 위해서 개고기는 먹지 말고 문화인이 되려고 말고기를 먹어야 하나. 어쩌다가 우리 고유의 식생활 문화까지 외국인의 눈치를 봐야 하는 처지가 되었나.

먹고 안 먹고는 자율에 맡길 것이지 자기가 안 먹는다고 남까지 못 먹게 법으로 강제하자는 것은 자기모순인 자가당착이다. 개 식용문제는 위생적 규제가 필요할지언정 식용금지를 법으로 강제할 일은 아니다.

업이면 하늘도 못 말린다. 먹고 살기 위한 직업이면 비도덕적이거나 위법이 아니고 남에게 피해 주지 않는다면 무방하다는 것이 옳다. 어부는 그물로 고기를 잡아도 무방하나 직업이 아니면 낚시로 잡는 것이 옳고 그물로는 잡지 말라며 조이불망(釣而不網)이라 했다.

곰팡내 난다고 옛 문헌은 꺼내지도 말라는 세상이지만 논어의 술이편에 조이불망 익불사숙(釣而不網弋不射宿)이라 하여 낚시질은 하되 그물은 쓰지 말 것이며 잠자는 새는 쏘지 않는다고 했다. 먹거리를 구함에 있어 이보다 더한 금언이 어디 있나. 한마디로 살생유택(殺生有擇)이다.

개고기는 동남아에서는 식자재이고 우리나라에서는 식성에 따라 맛으로도 즐겨 먹었고 특별 보양식으로 먹어왔다. 이상하게도 우리 6형제는 둘이서 짝을 지어 둘은 즐겨 먹고 둘은 그저 따라서 먹고 나와 막내는 속아서 모르고 먹었는데도 한점 또는 한 모금만 먹었다 하면 달포 가량 입맛을 잃고 시름시름 앓아야 했다. 사내 녀석이 비위가 약해서 안 먹는다고 집안 숙모들이 속이려고 다른 국에 몰래 섞어서 먹게 한 적이 있다. 아니나 다를까 입맛을 잃어 비실대다가 달포를 지나고 원기 회복을 하고 나서야 실토했던 적도 있다.

동물이나 가축을 잡아먹는 것을, 동물 학대로 본다면 인간이 정말 못 할 짓을 한 것은 소(牛)다.

방학을 맞아 고향집에 오면 그동안 고생한 동생들을 생각해서 새벽같이 일어나서 쇠죽을 끓였다. 김이 모락모락 나는 쇠죽을 입맛 당기게 먹어대는 소를 보면 저렇게 맛있을까 했다. 그러던 것이, 모내기 철에 무논갈이를 매일같이 하고 저녁 무렵에 들어온 소에게 고생했다고 여느 때와는 달리 알곡식까지 섞어서 특별식으로 끓인 쇠죽을 퍼다 주면, '푸-우 푸-우' 하고 긴 날숨만 내쉬면서 먹지 않는다. 너무 힘겨워서 특별식조차 먹지 못하는 소를 보고 눈물을 흘린 적이 있다.

모내기가 한시가 급하다고 말 못 하는 짐승을 마구 부린 것이 사람이다. 해마다 혼자서 송아지 낳아 살림 밑천 대주고, 지치도록 일만 해주고 도축장으로 갔다. 어딘지도 모르고 누군지도 모르는 사람에게 이끌려서 송아지와 영영 떨어진다는 것도 모르고 건너 밭 밭갈이라도 가는 듯이 뚜벅뚜벅 사립문 밖으로 걸어서 나갔다. 모내기가 끝나면 그동안 모두 고생했다고 오일장에 다녀오신 부모님 덕분으로 저녁 밥상에 둘러앉아 소고깃국을 맛있게 먹었다.

동물은 서로의 관계에서 정을 통한다. 가축이 주인을 따르는 것도 정이 들어서다. 개나 고양이 말고는 주인과의 정을 못 느끼는 것으로 잘못 알고 있다. 새대가리에 비유하는 닭과 오리도 낯선 사람은 피하고 주인과는 거리를 가까이하며 따른다.

오래전 우리 집에는 동생들이 힘에 부친다며 쇠죽통을 어머니께서

들어서 소에게 준다. 송아지는 어미 소가 쇠죽을 먹는 곁에서 늘 지켜본다. 어린 송아지가 무슨 생각이 있겠나 했는데 그게 아니었다. 어미 소가 쇠죽을 열심히 먹고 있으면 슬그머니 나와서 지켜보는 어머니의 엉덩이에 뿔도 없는 민머리를 살며시 비비대며 모둠발로 껑충 두어 번 뛰어 보이며 눈을 맞춘다. 생각 없이 미련한 짐승으로 볼 것만은 아니었다. 정을 붙이면 소나 개나 다를 것이 없다.

개고기를 먹어도 정이 든 애완견이나 반려견을 먹는 것도 아니다. 아무리 즐겨 먹어도 자기가 기른 개를 손수 죽이지도 않으며 먹지도 않는다. 다들 전문식당인 보신탕집에서 먹었다. 이제는 보신탕집도 법으로 문을 닫게 했다. 약으로 먹던 사람도 먹을 수가 없게 됐다. 결핵 환자도 먹었고 수술한 후에 새살 돋는 데 좋다며 옛사람들이 챙겨 먹었고 원기 회복에 좋다며 삼복더위의 초복이며 중복이며 말복인 복날이면 즐겨 먹었다. 주식도 아니고 간식도 아니며 별식이라서 물론 안 먹어도 상관은 없다.

그러나 외국인들의 눈치 때문에 우리의 고유 식생활 문화를 법으로 금하는 것은 자존심 상하는 일이다. 부아가 난다. 그들이 기르는 개와 우리가 보신탕으로 먹었던 토종개인 황구와 백구는 엄연히 다르다. 유구한 역사와 함께 경제 강국으로서 떳떳하고 당당한 국민이 되고 싶다.

05

겁 없는 포부

논쟁거리도 아닌 것들을 무슨 화젯거리라도 되는 것처럼 만들어내는 요즘 TV의 온갖 채널들이 문제다. 연예인, 방송인, 변호사에 이르기까지 수두룩하게 불러 앉혀 놓고 그들만의 수다 잔치를 한다. 이에 질세라 대학교수나 정치인 불러놓고 말 만드는 시사 프로그램도 해보자고 발 벗고 나섰다.

대담의 목적은 결론을 얻으려는 것이다. 명료하게 끝낼 수 있는 것도 시간 때우기와 시청자의 관심을 끌려는 진행자의 부채질에 출연자는 말재간을 부린다. 때에 맞춰 이준석도 한몫한다. 누구를 만났다느니 누가 그런 말을 해주더라니 하며 몸집 부풀리기에 은근히 열을 올리면서 신당 창당을 내비친다. 그러면서 국힘당을 넌지시 어르고 달래듯이 내년 총선에서 자신이면 120석을 운운하며 12월 27일을 무슨 D-day처럼 제시하면서 어떤 자리를 은근히 넘보는 것 같은 뉘앙스를 풍긴다.

정치를 해본 사람은 자리다툼에서 오는 생선 썩는 냄새를 기억한다. 우리 정치사에서 창당이나 전당대회 또는 지구당 개편 대회 때마다 풍기는 역겨운 냄새여서 더는 생각도 하고 싶지 않은 냄새다.

정당 주변에서 자주 쓰는 말이 있다. '있어야 할 사람과 있으나 마나 한 사람과 있어서는 안 될 사람'인 세 부류다. 이준석이 국힘당에 낀다면 어느 부류에 속할까? 정치는 본인을 위해서 하는 것이 아니고 국가와 국민을 위해서 제 몸을 바치는 것이다. 하지만 제 몸을 바친다고 해서 옳은 일이고 좋은 일만은 아니다. 받아주는 쪽에서 감지덕지하면 좋으나 그렇지 않고 달갑잖게 여기거나 역겨워할 수 있다. 그래서 옛말에도 앉을 자리 설 자리를 가려서 하라고 했다.

된장국에는 된장이 필요하고 김칫국에는 김치가 필요하다. 아무리 좋은 향신료도 필요하지 않다. 이것저것 첨가했다가는 오히려 본래의 맛을 잃게 한다. 뭐든 제 자리가 있고 누구든 적재적소에 있어야 제 몫을 할 수 있다.

꽃이 아름답다고 열매를 맺는 것도 아니며 빛깔이 곱다고 그 열매가 맛있는 것도 아니다. 정치는 재주로 하는 것이 아니다. 인의예지를 고루 갖춘 덕으로 하는 것이다. 재주는 날카롭고 덕은 온유하다. 재주는 숙성되지 않으면 한갓 기술에 불과하며 재주는 언제 어디서든 빌려 쓸 수 있으나 덕은 빌려 쓰지도 못한다.

용머리였었는데 어찌 꼬리를 하겠는가. 그럴 바엔 뱀 대가리를 하겠다는 모양이다. 한순간이나마 민주당의 박지현, 국힘당의 이준석으로 우리 정당사에 유례없는 아찔한 순간이었다. 국민이 얼마나 구태의연함에 진절머리가 났으면 차라리 뒤엎어 버리자며 부아나서 그들을 선택한 것은 아닐까? 하지만, 부아나서 밥상을 엎었을 뿐이지 살림 말아먹으려고 불 싸지른 것이 아니다. SNS의 온갖 댓글에도 '제발 저 애들 좀 치워달라'는 소리가 난다. 어느 쪽에서 한 소리일까? 어찌 울타리 밖에서 나는 소리가 아닌 듯하다.

  정치는 0선으로는 아무것도 못 한다. 산전수전 다 겪은 정치인들은 그를 꼬맹이로 본다. 존경과 존중은커녕 인정조차 받지 못한다. 그가 말한 숙려기간이 아니라 숙성을 위한 숙련기간이 필요하다. 때 이르게 핀 꽃이 서리를 맞고 뿌리가 약한 나무가 먼저 쓰러진다. 원석도 다듬어야 보석이 된다.

06

겨울바람

 겨울 날씨는 햇볕이 좋고 바람만 불지 않으면 따뜻하다. 살을 에는 듯한 혹한의 강추위에 바람까지 출입을 삼가고 몸을 사리지만 바람이 없는 날은 나들이하는 데도 별 무리가 없다. 그만큼 겨울바람은 영향력이 큰데 겨울치고 바람 안 부는 날이 별로 없다.
 오죽했으면 살을 에는 칼바람이란 말이 나왔겠나. 북풍한설이며 설한풍이며 하는 말만 들어도 목덜미가 싸늘해진다. 겨울바람은 성질도 독하고 위력도 드세어 바늘구멍에 황소바람 들어온다 했다.

 세월의 저편을 기억하는 사람들은 방한복은커녕 변변한 내의도 없이 겨울바람과 맞서며 살았다. 그러고도 예사로 3대가 비비대며 사는 대가족이어서 식구가 많기도 했다. 그 촘촘한 세살문이 손을 많이 타서인지 창호지는 왜 그렇게 구멍이 잘 나던지 할머니는 수시로 밀가루 풀을 쒀 한지 조각으로 덧대어 바르곤 했다.
 아랫목에 발을 모으고 이불 당기기를 밤새껏 하던 긴긴 겨울밤의 문풍지 우는 소리를 우리는 기억한다. 동지섣달 기나긴 밤에 밤새껏 울어대는 문풍지 소리는 추운 겨울밤을 마음까지도 얼어붙게 했다.

바람치고는 정말 달갑지 않은 바람이 겨울바람이다. 길을 걷다가도 정면으로 휘몰아칠 때는 뒤로 돌아서서 등으로 밀어붙여야 했다.

지금도 창문 밖에는 날 선 바람이 분다. 한옥 고택이 아니라서 문풍지 바를 일은 없지만, 엄동설한의 겨울바람이다. 바깥에서 일을 보는 사람들에게는 정말 달갑잖은 바람이다.

앙상한 나목의 가지도 휘둘린다. 부러질 듯 휘어지며 못 견디게 부대낀다. 꽃 피우고 잎 피워서 색깔 곱게 물들여서 황홀경을 펼쳐주던 곱디고운 단풍은 찬 이슬에 젖고 무서리에 말라 가랑잎으로 흩날렸다. 한 잎 남김없이 떨쳐냈다. 털어야 더 털 것도 없는데 지독하게 흔들어 댄다. 내놓을 것 다 내놓았고 더는 내놓을 것도 없이 있는 속 없는 속까지 다 비우고 비웠는데 그래도 흔들어 대는 것이 겨울바람이다.

나목의 겨울은 바람이 더 서럽게 한다. 이제는 더도 덜도 없이 한 가지 소망은 봄을 기다릴 뿐이다. 헐벗은 나목이 처량히도 애처롭다. 그래도 나목은 살아있다. 속울음을 울며 꼿꼿한 내공의 저항이다. 누구의 응원도 기원도 도움이 안 된다는 것을 알고부터 칼바람만큼 독하게 모질어지며 소리 없이 저항하는 필사의 반격이 동토에 깊이 박힌 뿌리에서 올라온다.

촘촘한 가지 끝마다 날이 섰다. 바람이 드세게 불어오는 쪽을 향해 송곳 같은 날을 세운다. 죽기 살기의 사생결단이다. 하늘을 향한 줄기 끝이 창날이다. 가지마다 칼날이고 가지 끝이 독침이다. 까막까치가 놀란다. 엉성한 둥지나마 보금자리였는데 이제는 불안하다. 덩달아서 독수리가 하늘을 날고 산짐승 들짐승이 눈에 불을 켠다.

 새들의 군무도 끝났다. 참새와 뱁새는 허둥거린다. 살쾡이마저 몸을 떤다. 박쥐는 동굴 속에 숨고 너구리는 토굴 속에 은신하고 다람쥐는 바위틈새에 몸을 감췄다. 모두가 제 앞가림에 급급하여 갈피를 못 잡고 은신처를 찾아 이리저리 허둥댄다.
 순리는 이미 깨어지고 질서가 무너져 두서가 없다. 살을 에는 차가운 겨울바람이다. 신(神)도 기진하여 무기력해졌다. 신심(信心)도 흐트러졌다. 동토가 기어이 몸부림치면 하늘이 놀랄 것이다. 경천동지를 누가 막을 것이며 뇌성벽력을 어떻게 감당할 것인가. 요동치는 땅에서 어떻게 버틸 것인가. 풍전등화요 백척간두다. 겨울바람이 지나치게 혹독하다.

 순천자가 누구이며 역천자가 누구인지 봄을 기다리는 나목들은 알고 있다. 그날이 그리 멀지 않다. 봄바람은 이미 저 멀리서 겨울바람을 향해 살랑살랑 불어오고 있다.

07
겨울밤의 잡념

　겨울밤은 길어서 좋다. 어둠살이 내릴 무렵에 저녁밥을 먹고 나도 일곱 시다. 밤이라기에는 이른 시각이지만 겨울철의 오후 일곱 시면 어둠이 짙어진다. 다음 날 새벽의 여명이 걷힐 때까지 장장 여남은 시간의 긴 밤이다.

　TV의 저녁 뉴스를 보고 나면 무료해진다. 온갖 채널을 뒤적거려 봐도 볼 만한 것이 없다. 집사람은 볼 게 많아서 탈인데 나는 볼 게 없어서 탈이다. 집사람은 하루의 뒷정리를 하느라 주방에서 동동거리고 거실은 나 혼자 독차지하고 내 마음대로 TV 리모컨을 만지작거려도 간섭받지 않아서 좋은 시간이 주어진다.
　뉴스가 끝나기 무섭게 다른 채널로 옮긴다. 시사 프로그램을 열면 주제는 오늘 뉴스의 헤드라인이 튀어나온다. 또 뭔 소린가 하고 귀를 기울이면 씹고 또 씹고 곱씹는 소리다.
　교수, 변호사, 전직 경찰, 의사 등 관록이 만만찮은 것만큼 입담도 좋다. 진행자가 재치 있게 말을 자르지 않으면 밑천이 동날 때까지 독주할 참이다. 그런데 본질과는 자꾸만 거리가 멀어지며 변죽만 울리고 있다. 가만히 지켜보면 진행자의 눈치를 보는 것 같다. 본질을 미리 까발리면 이야기가 금방 끝나버릴 것 같으니까 말장난을 하면서 시간을 끌어 스포트라이트를 많이 받으려고 궤변을 늘어놓는 것 같다. 모두가 금 저울로 달아도 같을 것 같다.

길어야 10여 분이면 끝날 주제를 놓고 한 시간을 예사로 끌어가고 있어 좀 듣다가는 허탈해져서 채널을 바꾼다. 건너뛰고 건너뛰어도 보험광고와 만병통치의 건강식품을 가장한 약품 일색이다.

보험광고의 주종은 암보험이다. 맹랑한 아가씨가 숨넘어갈 듯이 주워대는데 모두가 암에 걸릴 것인데 이 좋은 보험을 왜 아직 안 드느냐며 애가 타서 죽겠다는 듯이 열변을 토한다. 채널을 얼른 바꾸지 않으면 옆구리가 욱신거리고 소화가 안 되는 것 같아지며 암에라도 걸린 것 같아서 부리나케 채널을 바꾼다.

뛰어야 벼룩이라고 속을 뒤집는 것은 장례식장 선전이 아니면 상조회 광고다. 너 미워서 오래 살아야 하고 또 채널을 바꾸면서도 속 터진다. 출연진들이 보란 듯이 더 수두룩하다. 어디서 어떻게 모집을 했는지 모르지만, 한 덩어리가 되어서 신바람이 났다. 속옷까지 널브러져 있는 남의 집 안방까지 다 까발려 놓고 살림살이를 어떻게 하며 먹고 자는 것은 어찌하는지 다 까발려 놓고 시시덕거리며 출연진들만의 놀이판을 나더러 보란다. 시청자인 우리를 객꾼으로 취급한다. 잔칫집 담장 밖에서 까치발을 하고 담장 너머로 구경이나 하라는 식이다. 시청자를 무시해도 분수가 있지 이쯤 되면 잡동사니 방송들이 막 나가는 것이다.

당신 아니라도 입을 헤벌쭉하게 벌리고 침까지 흘려가며 넋을 놓고 보는 사람이 많으니 참견을 말라는 것이다. 하기야 나 같은 사람이 출연하여 나 같은 소리를 하면 누가 보겠냐만, 인기 연예인이 실수하는 것 보고 좋아 죽는데 바보짓이라도 하면 꼴깍하고 숨이 넘어간다. 대리만족하며 흡족하고 흐뭇해하며 유쾌 통쾌해서 그저 그만이라는데 누가 말리겠나.

머리를 풀어 헤친 여자를 보면 전설의 고향 아니라도 귀신이랬다. 시집간 딸이 부모가 돌아가면 사립문 밖 저만치에서부터 비녀 머리를 풀고 곡을 하며 들어왔다. 보기 좋은 모습은 분명 아닌데 요즘은 걸핏하면 온갖 채널에서 50대는 족히 된 여인들이 머리를 풀어 양쪽 어깨를 덮고 화면에 나타나서 희희낙락 온갖 소리를 해댄다. 육아 상담에서부터 생활 상담까지 해대는데 나름대로 최고로 예쁜 모습으로 단장을 했을 것인데 시청자나 유튜버들이 이렇다 저렇다 말이 없으니 그 스타일을 좋아하는 줄 여기는 모양이다.

세상만사가 천태만상이고 백인 백안인데 뭐 더할 말은 없으니 기준과 원칙도 세상 따라 바뀌고 보편적인 개념도 기준도 없는데 그저 난들 뭐 쓸데없는 헛소리 한다고 책잡는 사람이 있겠나 싶다.

자식 같은 나이의 인기 가수가 좋아서 콘서트 하는 데마다 전국을 따라다니다가 이혼까지 당하고는 외국까지 콘서트 하는 곳을 따라가더라는데 무슨 말을 더하겠나. 전신주를 뽑아서 이를 쑤시든 남의 간섭을 말라는데 웬 잡소리를 나만 하는가.

겨울밤이 길어서 온갖 잡생각을 다한다.

08
겨울비

이번 주 내내 전국으로 비가 올 거라는 예보가 있더니 이틀째 비가 내린다.

겨울 가뭄에 때맞춰 온 단비란다. 비가 그치면 기온이 뚝 떨어져 매섭게 얼어붙지는 않을지 걱정스럽다.

농작물을 다 걷어 들였는데 겨울비가 뭔 단비일까 싶은데 그게 아니란다. 나무도 잎이 다 떨어졌고 풀도 말라버려서 겨우내 그대로 견딜 건데 왜 비가 필요한지 모르겠다고 했더니 초목의 뿌리에 충분한 수분이 있어야 서릿발이 서도 얼어 죽지 않고 겨울나기를 잘할 수 있단다. 끝났든지 멈췄든지 한 것 같은데 초목의 겨우살이가 성장이 멈췄지, 활동이 멈춘 것이 아니라는 것이다. 뭐 숨죽이고 그대로 있다가 봄이 오면 움이 트면 되는 거지 뭘 엄동설한에 오돌오돌 떨면서 활동하지? 했더니 그게 봄으로 이어지는 과정이란다. 겨울 한 철은 만물의 성장 동력원인 태양의 도움도 받지 않고 오로지 내공의 힘으로만 봄을 맞을 준비를 끊임없이 하고 있다니 신비롭다.

혹한의 악조건에서도 주저앉지 않고 오히려 기회로 삼아 새봄을 거머쥐려는 저 다부진 기백이 경이롭다. 죽은 듯이 있다가 일순간에 꽃을 피우고 새잎을 내는 저들의 삶이 놀랍다.

지금 오는 겨울비가 그치면 드르륵 강추위가 몰아칠지 모른다. 사랑의 열매가 앞가슴에 붙고 김장 나누기 소식이 들리고 온정의 손길이 어떻다느니 하는데 왜 스쳐 가는 바람 소리로 들리는 걸까?
저출산이 어떻다느니 하는 소리는 귀에 딱지가 앉았다. 그런데 교육부가 초등학교 통폐합에 칼을 빼 들었다는 뉴스에 가슴이 철렁 내려앉았다. 대한민국의 수도 서울이 초등학교 학생 수가 1년 사이에 수만 명 가까이 줄었단다. 올해 초등학교 입학생은 40만 1,752명이었는데 내년 초등학교 입학생은 30만 명대로 떨어질 것이란다. 젊은 세대 밀집 지역인 대한민국의 수도 서울이 이렇다면 지방은 어떻게 되나.
지역소멸이라는 신조어에도 익숙해졌다. 결혼적령기의 젊은이들 1/4 이상이 결혼하지 않겠단다. 준비가 안 됐다는 이유가 과반이고 그 과반은 준비조차 포기했다는데 이대로 둬서는 안 될 일이다. 준비만 되면 하겠다는 뜻으로 안 하는 것이 아니라 못하고 있다는 것이다.

결혼을 할 수 없다는데 저출산 대책이 뭔들 소용이 있나. 은둔형 외톨이들은 또 어쩔 것인가? 지구상에서 제일 먼저 소멸할 나라가 우리 대한민국이란다. 내로라하는 세계 인류학자의 견해다. 귀 밖으로 들을 소리인가? 겨울비가 나목의 봄을 꿈꾸게 한다. 젊은이들이 무엇에 목말라하는지 기성세대가 길을 터줘야 한다. 봄을 위한 겨울비가 되어줘야 한다.

09

겨울의 벚꽃나무

　창문 밖의 정원수가 나의 말벗이 된 것은 그리 오래되지 않았다. 그는 나무인 나무일 뿐, 그렇게 심겨서 그렇게 자라며 철 따라서 잎이 피고 무성하게 푸르렀다가 단풍 들고 잎 지면 나목이 되어 찬바람에 부대끼고 찬 서리에 시달리며 겨울 한 철을 보내는 것이 나무이다.
　뭐 그리 정 붙이고 의인화시켜서 관계를 맺을 상대는 아니었다. 너는 너의 자리에서 그렇게 자라면 되고 나는 내 사는 길대로 살면 되는 것이라서 비교의 상대로도 삼지 않았다.

　그러다가 얼마 전에 장례식장을 다녀오고부터 심경의 변화가 일었다. 조문객들 속에는 오랜만에 만난 동문 동기들이 격식 없이 자연스럽게 마주 앉아 상조회사 직원이 날라다 주는 접대 음식을 건성으로 먹으며 나눈 이야기가 목에 걸려서 사나흘 동안 머릿속이 복잡했다.
　'어쩌다가.'
　휴대폰으로 부고 문자 메시지를 받고 의아해했던 것은 나도 마찬가지였다.

우울증이랬다.

우울증을 앓아보지 않은 우리는 증상도 결과도 모른다. 뭐 그런 것이 있나 할 뿐 대수롭잖게 여겨왔다. 어쩌다 보면 우울할 때도 있고 괜스레 들뜨기도 하고 어떤 땐 설렘도 있고 더러는 흥분하기도 하며 때때로 침울해지는 것이 때와 장소에 따라 일어나는 것으로 예사로운 일상이 아닌가?

다만 외로움이 깊이를 더해가면 우울증이 된다는 어렴풋한 상식이 아는 것의 전부이다. 그런데 문제는 그 친구는 우울증에 걸린 이유가 없다는 것이다.

먼저 가정이 온전하다는 것으로, 아들딸 삼 남매 잘 키워 시집장가 보내서 부모 유산 없어도 잘살 만큼 탈 없이 살고 있고, 조강지처와 오순도순 살아오다 4~5년 전에 먼저 보내기는 했어도, 사회적으로 잘난 것도 없고 그렇다고 무시당하거나 괄시받지 않고 무난하게 살아왔다는 것이고, 더구나 재산이 많아서 소도시에 살면서 백억 원 가까운 거부라는 것이다. 보통사람의 몇십 배가 넘는 재력가다. 칠순을 코앞에 두고 퍼주고 살아도 축나지 않을 재산인데, '그런데 왜?'라는 것이다.

두서없는 이야기들로 두런두런하는데 딱 하나 귀에 걸리는 말이 나왔다. 돈이 아까워서 어찌 죽었냐는 것이다.

조문을 왔으면, 그것도 가깝든 멀든 친구의 죽음인데 상주의 체면을 봐서라도 코를 한 번쯤 훌쩍거리든지 하다못해 천장이라도 멍하니 쳐다보든지 할 것이지 잡담이라도 잘못 가는 것 같다. 이래서 죽고 사는 것이 팔자고 남의 죽음이 내 고뿔만도 못하다고 했을까?

 사람은 뒷모습이 아름다워야 한댔는데 어찌 이 친구는 아닌 것 같다. 자린고비였을까? 아니면 왜 돈이 아까워서 어찌 죽었냐고 비아냥거림을 당한단 말인가.

 농토가 수천 평이었지만, 척박한 땅이라서 팔지도 못했던 땅이 어느 날 도시계획에 들어가서 보상을 받은 것과 인접한 토지도 덩달아서 천정부지로 값이 오르는 바람에 벼락부자가 된 것이 그의 젊은 날을 우쭐거리게 했던 것은 사실이다.

 농토가 척박해서 팔려도 팔리지 않아 애물처럼 내버려 둔 것이 거금이 될 줄은 아무도 몰랐다. 인접해도 물길 좋은 비옥한 땅을 가진 친구들은 일찌감치 팔아서 학자금으로 다 써버리고 바늘 하나 꽂을 땅도 없는데 이 친구는 묵정밭을 고스란히 갖고 있었다. 후회하는 친구들도 더러 있어 부러움과 시기도 받았다. 우쭐거리기만 했지, 제값을 못 했을까? 아니면 괜한 시기의 대상이었을까?

 집으로 오는 동안 머릿속이 맑지 않았다. 꽁꽁 얼어붙어 황량한 겨울의 바깥 풍경을 베란다 창문 너머로 내려다본다.

 창밖에 보이는 정원수는 수령 20년은 족히 됐다. 벚꽃나무 두 그루에 사철나무 한 그루가 나란히 섰는데 벚꽃나무는 나목이지만 키가 크고, 사철나무는 키가 작고 몸집이 둥글넓적하게 펴퍼짐하다. 벚꽃나무는 이파리 하나 남김없이 다 떨쳐내고 앙상한 가지만 찬바람에 흔들리고 사철나무는 이파리 하나 떨쳐내지 않고 싱싱하게 짙푸르렀다.

벚꽃나무가 이른 봄에 화사하게 꽃을 피워 황홀경을 이룰 때도 사철나무는 "뭔 수다야. 어지럽게" 하며 한결같이 푸르르기만 했다.

벚꽃나무가 한여름 무성하게 잎이 푸르러 짙은 그늘을 내어줄 때도 사철나무는 "얼마나 오래 갈까" 하며 변함없이 푸르르기만 했고, 영롱하게 단풍이 들어서 뭇사람들을 경탄하게 했던 때도 "뭔 요란이야" 하고 그는 변함없이 푸르르기만 했다.

어찌 그뿐인가. 시린 손 호호 불며 하얗게 입김 내뿜을 때, 벚꽃나무는 추위에 오돌오돌 떨면서도 이 아픔을 견뎌내면 햇살 따사로운 봄이 온다며 마음을 다스릴 때도 멀거니 쳐다보기만 한 잎이 파란 사철나무는 그래도 한결같이 푸르름을 자랑했다. 어떻든 그의 오지랖은 풍성했어도 가슴은 언제나 냉기가 서렸다.

내가 있어 네가 있고 그들이 있어 우리가 되는 세상, 무던한 것도 좋지만 때에 따라 적절한 변화를 주는 것도 좋다. 한결같은 것이 좋을 수 있으나 경우에 따라 바뀌는 것도 좋다. 언제 어디든 적응하고 화합하는 것은 변화 없이는 이룰 수 없다.

벚꽃나무, 겨우내 움츠렸던 몸과 마음을 풀어주려고 잎도 피우기 전에 꽃부터 화사하게 피워내는 그 베풂이 좋고, 무더위의 뙤약볕을 무성한 잎으로 그늘 지워줘서 고맙고, 빛깔 곱고 영롱하게 단풍으로 물들어 만추의 즐거움을 줘서 더 고마우며, 북풍한설을 견뎌내기 위해 곱던 단풍마저 남김없이 훨훨 털어내고 처연한 자태를 들어내는 그 기품이 숭고해서, 나는 한결같이 풍성하게 푸르기만 한 사철나무보다 사계절을 철철이 바꿔가며 그늘이 필요할 때 도움을 주고 세월을 아쉬워할 때 단풍으로 달래주며 때맞추어 화합하고 속내 열고 융화되는 벚꽃나무를 더 좋아하며, 떠날 때를 알고 아낌없이 비워버린 나목을 더 사랑한다.

10

고향은 지금

 불볕더위가 무섭다. 아침은 찜솥이고 한낮은 용광로다. 밤낮의 구분도 없이 삶아댄다. 태풍 '종다리'도 무더위를 식히지는 못했다. 질금질금 비를 뿌려 잡초만 무성하게 웃자라게 했다. 농촌은 지금 풀과의 전쟁이다. 논농사는 제초제가 제 몫을 해줘서 별 탈 없이 넘기는데 밭농사나 과수원은 아마존의 밀림이다. 죽기 살기로 긁고 파고 뜯어내도 돌아서면 뉘 언제 그랬냐는 식이다. 곡식은 잡초 속에 파묻혀 애처롭게 시달린다. 그냥 두고 못 봐서 볕 가림 모자 깊숙이 눌러쓰고 은행강도라도 할 듯이 얼굴을 칭칭 감싸고 밭으로 나간다.

 제발 한낮에는 논밭에 나가지 말라고 안전문자가 시시각각으로 날아들며 신신당부를 하는데도 풀밭이 되어버린 밭고랑이 눈에 삼삼하여 오금을 쑤시니까 나서고 본다. 어쩌나, 호랑이가 새끼 칠 판이다. 씨뿌리고 모종하여 애써 가꾼 곡식은 왜 이리 연약한가. 억장 무너지게 잡풀만 무성하다.
 곡식에 죄짓는 것 같아 그냥 둘 수 없어서 한 줌 움켜잡고 풀을 뜯다 보면 조금만 더, 조금만 더 하다가 갈증이 나고 숨이 막히며 현기

증이 덮쳐야 이러다 일내겠다 싶어 집으로 돌아온다. 아쉬움을 앞세운 발걸음은 천근만근인데 마음은 건너뛰기를 하여, 아직은 올망졸망한 풋고추가 고추방앗간 다녀와서 김장김치에 빨갛게 버무려져 아들딸 집집이 김치냉장고를 채우고, 깨꽃이 하얗게 핀 참깨밭에는 참기름 집을 이미 거쳐 빈 소주병에서 고소한 냄새를 풍기며 자식들을 기다리고, 짙푸른 콩밭에는 된장 냄새가 솔솔 나며 시래깃국을 끓이는데 어쩌나.

고향은 지금 풀과의 사투다. 처서를 지나면 풀이 웃자라지 않는다고 하여 예로부터 처서 지나고 추석 전에 벌초를 해왔다. 땔나무하고 쇠꼴 베고 퇴비 썩히던 지난날에는 산이고 들이고 풀 한 줌 남아나지 않아서 산길이든 들길이든 밥알을 굴려도 좋을 만치 반들거렸지만, 지금은 풀을 벨 일이 없어 등산로 말고는 길이 없다. 가시덤불의 정글이고 칡넝쿨 다래 넝쿨이 뒤엉켜서 한 치 앞이 안 보이는데 용케도 멧돼지 다닌 길이 개구멍같이 뚫려 있을 뿐이다.

명당자리 찾아 상여 태워 모셨던 산소는 밀림 속에서 폐묘가 되고 풀숲을 헤치며 탐험하듯 오르는 산소도 벌초할 후손이 없다. 청군 백군 응원가에 만국기 휘날리던 운동장은 잡초가 무성하고 마을회관 앞마당엔 유모차는 간곳없고 할머니들의 보행 보조기만 눈물겹게 즐비하다.

"내 대(代)에서 끝이다."

고향은 지금, 노인들의 탄식 소리에 잡풀만 무성하다.

11
공천 흑막과 꼼수 정당

지난 총선에서 여야 양대 정당이 의석수 늘리기를 위한 수단으로 국민의힘당은 '국민의미래당' 더불어민주당은 '더불어민주연합당'이라는 '꼼수 정당'을 또 만들었다.

양당은 지역구 의석수가 비례대표를 배정받을 수 있는 한도를 초과할 것이 확실하니까 딴살림 차리듯이 작은댁 정당을 만들어서 지역구는 본당에 찍고 정당투표는 작은댁 정당에 찍어달란다. 애들 말로 웃긴다. 비례대표 의석을 배정받고 나면 살림을 합쳐 작은댁 정당은 말없이 소멸한다. 비례니 위성이니 하지 말고 솔직하게 '꼼수 정당'이라고 하자.

미국의 3대 대통령 토머스 제퍼슨은 "천국에 가더라도 정당과 함께라면 가지 않겠다"라고 했다. 많은 생각을 하게 한 명언이다. 비례대표의 취지는 직능대표를 뽑자는 데 있었다. 지역구의 특성에 따라 낙선할 수 있는 노련한 정치인을 잃지 않으려는 국민을 위한 정치적 양심이고 애국심이었다.

국회의원 후보 신청자 면접제도 또한 돌부처가 돌아앉을 노릇이다. 국민 기만용인 '공정한 척'하는 꼼수 술책이다. 누가 누구를 심사하나? 심사위원이 국회의원 하지 뭘 면접 보고 앉았나.

1980년대에도 총재실이 있는 중앙당사 2층을 '도깨비굴'이라고 했다. 요즘처럼 장막 정치는 아니었다. 계파 수장들이 모여서 숙의했다. 지금처럼 여론 조사가 없어도 지구당의 여론을 무시하지 못했다. 중앙당의 거물급들이 수시로 전국 순회를 했다. 민심을 읽고 당세 확장을 위해 전국을 다니며 민의를 수렴하려고 애를 썼다. 그래서 지구당의 여론은 언제나 존중되었다.

원내 위원장은 민원과 경조사 및 사사로운 청탁이 귀찮고 성가신 존재가 지구당이었고 그와는 상반되게 원외 위원장은 도전과 재기를 위한 활동무대였다.

경남 하동군 선거구에서 무려 여덟 번을 공천받고 한 번 당선된 문부식 전 의원의 경우가 그 때문이다. 지구당에는 정치 지망생들이 상주하는 곳으로 제 돈 내고 제 돈 쓰며 운영했고 경리담당 여직원 1명만 위원장이 급료를 지급했다.

현역이 되고 나면 지구당이 목에 걸린 가시 같아서 고비용 저효율이라고 왜곡하여 2004년 정당법을 개정하여 지구당을 폐지했다. 지구당은 정당의 창당과 해산, 입당과 탈당 등을 책임지는 정당 구성의 기본단위이다. 따라서 현 위원장을 추종하는 사람들만 입당하는 것이 아니라 누구나 중앙당을 바라보고 입당하는 것이어서 차기 위원장이나 국회의원 입후보자의 서열 경합이 소리 없이 이어지는 곳이 지구당이었다. 조속히 부활시켜 공천의 공정성을 회복해야 한다.

12

괜한 걱정일까

청년의 기준을 19세에서 34세로 보는데 2020년 기준 우리나라의 청년 인구가 1,021만 3,000명으로 총인구의 20.4%라고 통계청이 2023년 11월 27일에 인구주택총조사 결과를 발표했다.

청년세대 중 결혼하지 않는 미혼 인구가 81.5%로 2000년 54.5%에 비하면 20년 사이에 27.0% 포인트 증가했다고 한다. 결혼해도 아이는 낳지 않는 저출산의 영향으로 2050년에는 청년 인구가 절반으로 줄어들 것이라고 했다. 청년세대의 1인 가구가 늘어나고 있어 2000년 6.6%였던 것이 2010년 12.6%, 2020년 20.1%로 점점 증가하는 추세다. 혼자 사는 이유로는 '직장 때문(55.7%)'이라는 응답이 가장 많다고 했다.

초고령화 시대에서 암담한 우리의 미래를 걱정하지 않을 수가 없다. '지역소멸'이라는 신조어가 귀에 익었다. 지구상에서 제일 먼저 사라질 나라가 대한민국이라고 세계의 유명 인류학자가 내다봤다. '그때는 그때이고 지금은 당장 코앞이 문제인데 뭔 소린가?' 할 수 있으나 청년들이 국민의 소득원인데 원동력에 과부하가 걸리기 시작하면 걷잡을 수 없는 어려움을 직면하게 된다.

'은둔형 나홀로', '독거 청년' 등 듣도 보도 못한 신조어가 예사로 쓰인다. 인류의 생존질서가 무너지고 있다. 진행은 가속도가 붙고 처방의 효과는 서서히 나타나기 때문에 당장 서두르지 않으면 사후약방문이 될 수 있다. 대안과 대책은 무엇이며 어떻게 해야 할까?

산업통상자원부는 지난 연말 '2023년 산업기술 인력 수급 실태 조사' 결과를 발표했다. 우리나라의 12대 주력 산업 분야에서 부족한 기술 인력이 3만 명에 이른다고 했다. 구인난으로 어려움을 겪는데 청년들은 구직난으로 고통을 받고 있다. 수요와 공급의 역학관계가 아이러니하게도 언발란스다. 풀어야 할 과제다.

수평 저울의 원리를 끌어다 써야 한다. 매스컴에서는 허황한 꿈의 펌프질도 멈춰야 한다. 의식(意識) 개선이 절실하다. 기본이 뭔지를 되짚어 보면 깨어있는 지성인지 무모한 감성인지 가늠이 온다.

본립도생(本立道生)이라는 진리와 순리를 되새겨볼 일이다. '기본이 바로 서면 나아갈 길이 생긴다'라는 뜻이다. 사람은 사람 사는 기본이 있다.

'왜 그래야 하는데요?' 하는 신세대들의 반문이 진보적일 수는 있으나 깨우침을 얻지 못하는 반항심으로 정작 잃는 것은 본인이다. 먼저 숙고하는 것이 옳다. 젊은이들의 앞날이 걱정스럽다.

13

국민의 선택 심리

    2022년 대선일인 3월 9일이 참으로 까마득하다. 100일 남짓한 날짜의 거리가 아니라 대선후보들의 주변 상황이 시시각각으로 변화무쌍하여 불안감으로 인한 심리적 거리가 가마득히 멀다. 언제 무슨 일이 터질지 모르는 상황이다. 이재명 후보와 윤석열 후보가 유력주자로 굳혀졌으나 각종 고소·고발 사건의 정점에 있는지 접점에 있는지는 알 수 없으나 향후 사법적 전개와 결과가 어떻게 나올지 모르니 불안하다.

    당락의 심판대 위에 이미 올라버린 선거운동 기간에 결과가 나와 버려도 문제이고 수사나 조사의 과정에서 사건 가닥이 드러나더라도 진위의 가늠이 안 된 상태라서 유권자의 판단이 선거에 미칠 영향이 적지 않을 것이기 때문이다. 2007년 이명박 전 대통령의 대선 후보 당시 다스의 실소유주 논란과 BBK 주가 조작 사건 등으로 시시비비의 회오리바람이 휘몰아쳤으나 대통령에 당선되었고 무려 13년이 지난 후에 기어이 영어의 몸이 되기도 한 전례를 생각하면 다가오는 대선도 민주주의 꽃으로 활짝 피어날 수 있을지 걱정스럽다.

유권자들은 본인 추측과 여론이 일치되면 확신하는 속성을 갖는다. 그래서 선거에서의 여론은 참으로 묘한 특성이 있다. 진영논리에서 벗어나지 못하고 세몰이에 휘둘리며 대세에 편승하여 숙고하지 않는다.

남의 속에 들어가 보지 않은 이상 어찌 진위를 알겠냐만 인과성에 의심이 가더라도 당시의 주변 사항으로 보아 계획적이었을까 아니면 판단 착오였을까 아니면 무지에 의한 과실인가를 한 번쯤 생각해 볼 필요가 있다.

우리는 여러 차례의 대통령선거에서 내 손으로 뽑아놓고 훗날에는 후회한 경험이 있다. 후보자의 개인 성향이 국민의 바람과 일치 또는 근접하고 있는가를 살펴야 하는데 후보자의 평가에 앞서 본인의 진단이 앞서야 한다. 본인은 국민과의 사이에서 편향에 의한 괴리는 없는지 아니면 얼마만큼이나 공감대를 형성하고 있는지 냉정한 자기진단이 필요하다.

대통령은 국가의 원수이고 국가를 대표하며 헌법 수호의 책무와 평화통일을 위한 성실한 의무를 진 행정권의 수반이자 국민의 최고 지도자다. 따라서 사사로운 감정으로 선택하여서는 안 된다. 상공인이라서 경제정책에만 낙점하여서도 안 되고 문화예술인이라서 문화예술에, 농업인이라서 농정에만 기준을 맞춰서도 안 된다.

본인과 거리가 멀면 관심이 없다는데 결과는 본인에게 닿는다. 진영 간의 편 가름을 해서는 안 되고 비위 뒤틀린다고 역주행을 해서도 안 된다. 나라 걱정은 국민 모두의 몫이다.

14

국태민안은 요원한 것인가

정치권이 벌통 속같이 시끄럽다. 22대 총선 당선인들의 일성이 서슬 퍼렇게 날이 섰다. 복수혈전을 위해 전열을 가다듬고 진군의 북소리만 기다리는 순간처럼 긴장감이 감돈다. 와신상담하며 칼을 갈았던 모양이다. 두 번 죽지 않는다며 임전무퇴를 각오한 맹장과도 같다. 중립이지만 '중립이 아니다', '임기 3년 확실한가?', '특검부터 수용하라', '거부하면, 거부한다'.

이태원 참사와 관련해 아직 할 일이 있다. 주 호주대사 도피성 임명. 박종철 고문치사 은폐·조작이 전두환 독재정권 붕괴의 방아쇠 역할을 한 것처럼, 채상병 사건 축소·은폐·조작 의혹은 윤석열 검찰정권 붕괴의 방아쇠가 될 것이라는 등, 타도인지 탄핵인지 숨은 뜻이 가슴을 철렁하게 한다.

정쟁에 휘말리면 정국이 흔들리고 정국이 흔들리면 민생이 거덜난다. 문재인 정권에서 사법개혁 파동이 없었더라면 2년 반이라는 민생의 암흑기는 없었을 것이며, 현 정권이 태어나지도 않았을 것을 생각하면 정쟁의 회오리바람이 얼마나 살벌한가를 익혔기 때문이다.

'수용하라, 답하라, 거부한다', '탄핵' 등 이 모두가 정당 간의 논쟁이 아니고 오로지 대통령에 대한 저항으로 국태민안과는 거리가 먼 일전 불사의 단어들이다. 섬뜩한 보복 정치의 신호탄 같다. 이런 소리가 나오기를 바라며 과거를 돌아보고 투표한 유권자들은 성공한 선거라고 자평하고, 동정하면서 설마 하고 미래를 바라보고 투표한 유권자는 실패한 선거라고 자평한다. 성공한 투표를 한 국민은 쟁취를 위해 싸워야 하고 실패한 투표를 한 국민은 방어를 위해 싸워야 하는데 모든 부작용은 고스란히 국민의 몫이므로 국민이 떠안아야 한다.

결자해지를 누가 모르겠냐만, 정치에는 숨은 권력이라는 제3의 힘이 상존한다. 공정과 상식을 존중하는 것도 정치이고, 이를 무시하는 것도 정치이다. 정치권력이 가진 감춰진 속성 때문이다. 아무리 합리적이고 합법적인 것도 정치권력이 작동하면 반작용이 일거나 부작용도 발생한다. 소수는 이의 피해자이고 이를 구제하는 것도 정치권력이다.

국민은 공정과 상식을 원하고 타협과 타결을 바란다. 논쟁은 타협을 위한 과정이고 정쟁은 쟁취를 위한 투쟁으로 승리를 위한 수단이다. 국민은 정쟁이 아닌 논쟁을 원하고 투쟁을 원하지 않는다. 이태원 참사의 책임소재와 순직 해병 채수근 상병 사건 처리 의혹 사건이 더는 시간 끌지 않기를 바란다. 나무 하나를 키우려다 숲을 망칠 수는 없는 것이다.

15
그래도 봄은 오고 있다

 맹추위가 기승을 부린다. 마지막 추위일까. 얼어붙은 대동강물도 풀린다는 우수도 엊그제 지났다. 낼모레면 2월도 끝나고 3월이다. 다음 주말이면 개구리도 잠이 깨는 경칩이다. 봄을 알리는 절기는 어김없이 다가오는데 봄이 오는 소리가 들리지 않는다. 얼음장 깨어지는 소리가 들릴 것 같고 버들강아지의 풋내가 얼어붙은 땅을 녹여 흙 내음도 날 것 같은데 기척이 없다.

 '춘래불사춘(春來不似春)'이라더니 봄이 오는 기미가 보이지 않는다. 엄마 손을 잡고 꽃다발을 안은 유치원생도 보이지 않고 와자지껄한 초등학생의 졸업식 소식도 들려오지 않는다. 봄방학으로 아이들의 뛰노는 소리가 들려올 것 같은데 그 어디에도 흔적이 없다.
 곤줄박이의 꼬리 끝이 신바람 나게 쫑긋거리고 옴츠렸던 참새의 날갯짓도 오두방정을 떨어댈 때인데 웬일일까. 무엇이 잘 되고 있을까. 사위는 무거운 침묵의 잠에서 깨어나지 못하고 무겁기만 하다. 휴대전화도 골이 죽었다. 마지못해 안전안내문자 왔다는 신호음만 전하고 미동도 없다.

차 한잔하자는 말도 없고 점심을 같이 먹자는 말도 없다. 세상만사가 귀찮은 모양이다. 저렇게 맥 빠지게 드러눕지는 않았다. 070이든 모르는 번호든 전화 안 받고 뭘 하냐며 뒤집힌 풍뎅이처럼 덜덜거리거나 시도 때도 없이 '카톡, 카톡!' 하고 깝죽거리더니 피죽 한 그릇도 못 얻어먹은 꼴을 하고 맥이 풀렸다.

혹시나 부재중이 있나 하고 열어봐도 흔적이 없다. 한다는 소리가 그 말이 그 말이고, 맨날 안부 문자만 주고받다가 그도 신물이 나서 내버려 두었더니 절해고도에 갇혀버린 듯 하루하루가 적막강산이다.

할 일 없이 앞 베란다로 갔다가 뒤 베란다로 갔다가 해봐도 아무것도 할 일이 없다. 구석구석을 훑어보아도 낯선 것이라곤 찾아볼 수 없고, 손 안 대도 아는 것들이라 멋쩍게 서성거리며 창밖을 보아도 어제나 그제나 한결같은 그림이라 볼일 없기는 목장승이다. 그냥 돌아서기가 민망해서 뻔히 알고 있는 집사람의 부식 저장고인 종이 상자를 열어보았다. 신문지를 말아 감은 무 서너 개와 비닐봉지에 든 대파하고 토란 몇 알에 나머지는 감자다.

그런데 이게 웬일이냐! 멈칫하고 자세히 보니까 감자에서 싹이 나오고 있다. 봄이 움트고 있는 것이었다. 가슴이 뛰었다. 쟁기 끄는 어미 소 앞에서 이랑을 타고 까불거리던 송아지가 뜀박질하던 사리긴 밭에, 싹이 돋은 감자를 쪼개서 쇠죽 끓인 아궁이의 재를 묻혀 심던, 그 봄날이 오고 있는 것이다. 얼어붙은 우리의 가슴을 다시 뛰게 할 봄은 그래도 오고 있다.

16
그리워서 피는 꽃

　다문다문 오가는 사람들이 어찌나 반가운지 해맑은 미소로 방싯거리는 코스모스는 길마중을 나와 길섶에서 한들거리고, 해마다 이맘때가 되면 외진 길 산모롱이의 언덕배기에 들국화가 피어나서 행여나 그리워하던 사람이 오려나 하고 기약 없이 기다린다.
　언제나 그렇듯이 기다리는 사람은 왜 그리 더디 오는지. 눈 가는 곳마다 아른거리는 그리움에 기다리다 길어진 목이 가늘어져 가슴 저리게 애처롭다. 그 누구와도 만나자는 언약도 없었고 기다리라는 당부도 없었지만, 그냥 그리워서 마냥 기다린다.

　처음 만나면 누구나 초면이고 거듭 만나면 누구든 인연이 아닌가. 보내고 서러워지지 않으려고 만남이 좋아서 긴긴 시간을 하염없이 기다린다.
　더러는 먹장구름 속에서 하늘을 깰 듯이 으르렁거리는 천둥소리에 졸인 가슴은 야위었고, 한낮을 달달 볶겠다며 아침부터 으름장을 놓는 태양의 위세 앞에 몸을 도사렸고, 천지를 뒤집을 듯한 광란의 폭풍우 속에서는 숨을 죽이고 가슴으로만 할딱거렸다.

덜 가진 자의 운명일까, 약한 자의 숙명일까. 부귀도 영화도 누릴 욕심은 애당초에 없었고 애지중지 보살핌을 받는 오곡백과를 시샘하지도 않았다. 용케도 탈 없이 살아온 것을 감사하며 오만하게 길목을 막아서지도 않았다.

언제나 길섶으로 한 발짝 물러섰으며, 가을바람에 간간이 소식이나 전하는 들국화도 언제나 외진 길 산자락에 비켜서서, 고달픈 사람이면 애달픔을 나누고, 서러운 사람이면 눈물겹게 반기면서 설움도 녹이고 시름도 삭인다.

내 것도 끝내는 내 것이 아닌 것을, 돌에 새긴다고 남을 것인가, 몰래 감춘다고 남을 것인가. 오가는 사람들의 가슴속에 남고 싶어 가을길에 피어났다. 오면 어떻고 가면 어떠하랴. 붙잡는다고 머물 것이며 밀쳐낸다고 떠날 것인가. 내가 선 자리가 전부이고 내가 가진 것이 지금의 전부인데 아낌도 남김도 없으니 정 주고 보내면서 보내고 그리워서 마냥 기다린다.

오고 감이야 나의 뜻이 아닌데 간절한들 어쩌고 집착한들 무슨 소용이 있으랴. 만남의 반가움도 보내는 아름다움도 가슴이 아리는데 그래도 보내면 서운하여 두고두고 그리움이 되어 가슴을 저민다.

기다림의 시간은 더디 가지만 그저 다문다문 오가는 사람이 있어 인적이나 간간이 이어졌으면 하고 산들바람 가을 햇살 한가득 받으면서 밤이슬이 차가워도 달을 보며 별을 세며 그리워서 긴 밤을 그렇게 새운다. 오가는 사람이야 와도 그만 가도 그만 서로를 비켜 가지만 길섶에서 기다리는 코스모스와 외진 길에 피어있는 들국화는 그리움만 쌓인다.

17
극으로 가는 세상

 극과 극의 대립이 심하다. 혹서와 혹한, 가뭄과 폭우, 기상이 극과 극으로 치닫고 세상사도 그렇다. 이쪽 아니면 저쪽인 이분법이다. 상극이고 상충이다. 혜안의 가름이 아니라 주관 없이 무리 짓는 부화뇌동이다. 친구 따라 강남 간다는 식으로 편협 편승으로 갈라진 것이 적대적으로 변질되었다. 경쟁이 아닌 편싸움으로 맞선다. 세력 다툼을 위한 편 가름으로 극과 극의 격돌이다. 상대는 타결을 위한 협상의 대상이 아니라 격멸시켜야 할 주적이다. 내 편 아니면 적이고 적은 괴멸의 표적이다. 끝장을 내겠다는 막가는 세태다.

 공존과 공생은 옛말이고 타협은 없다. 서로가 너 죽고 나 살자는 식이니, 논의도 협상도 없다. 박살 내겠다는 것이니 어느 한쪽이 없어져야 하는 길밖에 없다. 우리나라 양대 정당이 그렇다. 이게 할 짓인가. 섬멸하고 정복하면 될성싶어도 될 일이 아니다. 편에서도 편이 갈라진다. 악순환의 반복일 뿐 국민만 괴롭다. 갈수록 태산이다. 이판사판이라는 식으로 뒤엎으려 든다. 공멸을 자초하는 극단적 이기주의가 세상을 뒤덮었다.

사람 사는 세상이 이러니 기상도 변한 건가. 비가 안 와도 걱정이고 비가 와도 걱정이다. 엊그제까지도 불볕더위로 얼마나 들볶았나. 해보자고 드는 것이었지 해도 해도 너무했다. 삼복더위라고 했는데 초복도 사나흘 남았다. 복더위의 한가운데인 중복에는 어쩔 요량이던가.

기상이변이라지만 작년 다르고 올 다르면 어쩌자는 건가. 코를 맞대고 있는 지역 간에도 이쪽은 다글다글 볶아대고 저쪽엔 물 폭탄을 퍼붓는다. 시간당 20mm만 와도 호우라 했다. 웬걸 50mm에도 견뎌내니까 내성을 가졌다고 해보자고 덤비는지 100mm도 예사로 쏟아붓는다. 이건 횡포다. 끝까지 가보자는 식으로 극과 극으로 치달으며 난폭해졌다. 폭거다. 우리나라 정치를 빼다 박았다. 불볕도 여름답게 쏟아붓기도 하며 간간이 소나기도 한줄기씩 하여 숨돌릴 시간도 주면 좋으련만 네 사정이지 내 사정은 아니다. 해만 뜨면 불볕이고 비만 오면 물난리니 우리나라 정치와 한 치도 다름없어 여름 보낼 일이 심히 불안하다.

재앙은 언제나 덜 가지고 덜 갖춘 가난한 사람에게 더 가혹하다. 물난리가 나도 그랬고 산불이 나도 그랬고 폭설이 와도 그랬고 혹서와 혹한에도 그랬다. 철저하게 가난한 사람에게 가혹했다. 정치는 딴전 벌리고 있어도 정부와 지자체는 안절부절못하고 있다. 한낮에는 논밭에도 나가지 말고 야외활동도 자제하라고 안전문자가 성화다. 제발 물 많이 마시고 더위 쉼터를 이용하라고 신신당부다.

말은 고마우나 대안, 대책이 없어 그럴 처지가 안 되는 사람이 너무 많아서 애가 탄다. 그렇다고 일손을 거들어 줄 수도 없으니 선풍기 앞에 앉았어도 미안하다. 무탈하기를 기원하며 응원밖에 할 수 없는 우리는 그들이 고맙다.

18

기러기 날아오면

황금빛으로 일렁이던 들녘이 휑하니 빈 허허벌판으로 바뀌었다. 콤바인이 들판 곳곳을 구물구물 휘젓고 다니더니 며칠 사이에 가을 추수가 끝났다. 볏짚을 말아 하얗게 비닐로 감은 커다란 공 모양의 사일리지가 띄엄띄엄 빈 논을 지키고 있더니만 그마저도 어느새 거둬가고 어쩌다 눈에 띈다.

비탈 산의 감나무밭에도 감 수확이 끝나고 남겨진 이파리가 울긋불긋하게 단풍으로 물들었다. 산과 들이 고단했던 몸을 풀고 한숨을 돌린 듯 평화롭다.

먹장구름이 껍죽거리며 천둥이 으르릉거리던 하늘도 파랗게 높아졌고 흰 구름도 한가롭다. 쫓고 쫓기며 숨 가쁘게 내달리고 서로가 뒤엉켜서 뒤죽박죽이었던 모든 것들이 제자리를 찾아 안정을 찾은 듯 차분하다. 폭풍우에 시달린 작은 풀꽃도 씨앗을 익히려고 가을 햇볕에 살갑게 안긴다. 어수선했던 세상이 더없이 평화롭다.

숨돌릴 틈도 없어 돌아보지 못한 지난날을 이제야 가을 햇볕의 따사로움에 안겨 긴 한숨을 내쉰다. 산야가 품어내는 가을의 향기는 새금하고 감미롭다. 파란 하늘이 헝클어진 머릿속을 비워내고 가을 빛깔로 물들인다. 눈시울이 지그시 감긴다.

하고많은 나날을 비바람에 시달리고 뙤약볕에 들볶이며 휘둘리고 부대끼던 지난여름이 늘어지게도 지루했는데 보내고 돌아본 세월은 순간이었다. 스쳐 가는 봄바람에 꿈에 본 듯 꽃은 지고, 계곡물에 발 담근 채 매미 소리 얼핏 듣고 먹구름 다가올 때 우산 챙긴 기억밖에 없는데 어느새 가을볕이 오지랖에 내려앉았다.
 젖는 줄 모르게 젖은 마음도 볕 바르게 널어놓고 바람에 데인 상처도 덧나지 않게 다독여야겠다. 까닭 없는 서운함도 훨훨 털어내고 계산 없이 끌어안았던 온갖 잡동사니도 버려야 하는 가을, 비워낸 곳간이 따스한 온기로 그들먹하다.
 손사래 쳤던 박절함이 이제야 미안하고 귓전으로 듣던 소리가 가슴에서 울려온다. 회한에 젖은 눈시울에 가을 햇볕이 무지개를 피운다. 껍죽거리느라 잊어버린 얼굴이 이제야 거울 속에서 내다보며 웃는다.

추강낙안(秋江落雁). 기러기가 돌아와 강변에 앉는다. 청둥오리도 함께 왔다. 옛정 못 잊어서 돌아오는 계절. 잊었던 기억도 챙겨야 하는 가을, 산야가 단풍으로 오색으로 물들었다. 남강에 큰고니가 날아오면 빈 들판에는 재두루미가 내려앉을 것이다. 부질없이 끓인 속 다 비워내고 잊었던 사람들이 다시 돌아올 자리를 비워둬야겠다.

19

길에서 길을 찾다

우리는 어딘가로 가야 할 길을 가고 있다. 시간에 얹혀서 등 떠밀려서 가기도 하고 세월을 잡아당겨 잰걸음으로 앞서기도 하지만 머무르지 못하는 인생길은 그 어딘가로 그치지 않고 가야만 하는데 언제나 갈림길이 천 갈래, 만 갈래로 나뉘어서 갈피를 잡지 못하게 어지럽게 한다.

길을 나서면 바람이 분다. 바람은 언제나 등 쪽으로만 불어오지 않는다. 맞바람은 힘들게 하고 옆바람은 흔들리게 한다. 바람이 어디서 불어오든지 앞으로만 보고 걸어야 하는 것이 인생길이다. 등 떠밀리면 수월하다고 돌아서라며 애태우던 사람도 많았지만 바람의 방향이 잘못이라며 훗날 많은 사람이 걷기가 수월한 길이 될 것이라고 대답했다.

길은 길로 이어지지만, 닿는 곳은 제각각 다르다.
가도 가도 끝없이 가야 하는 내일로 이어지는 오늘의 길, 선현들이 남겨놓은 길이 있어 헷갈리지 않아도 좋은 길도 있고 인적 드문 외진 길이 있고 산짐승이 다니는 길도 있다. 어디로 가야 할지 모를 때마다 길에서 길을 물으면 길이 있다.

잘못 든 길에서는 돌아설 때를 익히고, 에두른 길에서는 어리석음을 깨닫고, 지름길에서는 오만함을 돌아보며, 갈림길에서는 신중함을 배워야 한다.

길을 걸으면 귀가 뚫리고 눈이 뜨이며 가슴이 열린다.
울분으로 치솟은 응달진 길의 서릿발이 자분자분 밟힐 때마다 이를 갈고 부서지는 신음이 들리고 잡초 우거진 폐사지의 이끼 낀 석탑은 풍진에 얼룩진 역사의 그늘을 길게 드리우고 홀로 서서 외로운데 어찌 돌아서는 발길이 가볍기만 하였으랴. 세월에 빛바랜 기와지붕의 육중한 무게만큼이나 누마루에 홀연히 선 선현들의 꾸지람 앞에서는 뼈마디가 저리는 뉘우침으로 머리를 숙이면 길이 보인다.

바람 소리 물소리 새 소리며 웅크린 바윗돌의 곤한 숨소리까지 들으며 걷고 걸었다. 암막새 끝에서 흘러내리는 빗물은 한 맺힌 옛 여인들의 설움이었고, 비탈진 묵진 밭의 짙푸른 쑥들도 보릿고개의 옛이야기를 잊지 못하고 무성한데 굴곡진 정치사에 피멍이 든 진달래는 봄볕이 그리워 옹기종기 모였고 울분을 토하던 남산 뻐꾸기는 해가 길어서 목이 쉬었다.

볼 것 못 볼 것 다 보면서 걷고 걸어서 서산마루에 닿았다.
괴나리봇짐도 풀고 목을 조였던 갓끈도 풀어 벗는다. 굽이굽이 사려 밟은 길이 내려다보인다.

　천방지축 망둥이도 철 따라서 제값하고, 속 좁은 밴댕이도 수라상에 오르는데, 만사 무능 무위도식 앞가림도 못하면서 뭘 믿고 껍죽거렸으며 어쩌자고 우쭐거렸을까. 딴에는 겸손과 절제를 익히며 행한다고 했는데도 내가 보는 나와 남들이 보는 나는 엄연히 차이가 컸을 것이다.

　겁도 없이 천왕문을 들락거리며 불보살 앞에서 함부로 무릎 꿇기를 얼마나 하였으며, 아침마다 하늘에 두 손 모으기를 또 얼마나 했던가를 생각하면 기가 막히는 노릇이다. 이제라도 앞모습의 치장일랑 멀리하고 뒷모습을 아름답게 단장해야겠다. 석양이 곱게 물들고 있다.

20
깊어가는 가을의 상념

가을 하면 우선 설렘이 오는 계절이다. 지겨웠던 무더위의 시달림에서 벗어나 무언가를 시작하기 위해 마음을 다잡고 새로운 계획을 세우게 한다.

우선 여름 내내 잃었던 입맛이 돌아오고 등줄기를 흥건히 적시던 땀이 없어져 기분이 상쾌하여 머리가 맑아지고, 폭염에 시달리며 매사에 짜증스럽던 불쾌감이 사라져 무언가 헝클어지고 흐트러졌던 마음을 추스를 수 있는 여유가 생기는 계절이다. 기온이 활동하기에 쾌적해서 좋고 먹거리 많아서 풍성해서 좋으며 만산홍엽에 정서적 안정감을 찾을 수 있는 것이 더 좋다. 그래서 가을을 사색의 계절이라 했을 것이다. 차분하게 생각하고 빛바랜 기억도 되살아나서 잊었던 사람들도 보고 싶게 한다. 그래서 가을을 그리움의 계절이라고 했을 것 같다.

봄은 청소년의 계절이고 여름은 청장년의 계절이며 가을은 노년의 계절이다. 젊음은 언제나 우쭐우쭐 껍죽껍죽 겁 없이 덤빌 때이지만 노년은 그럴 때가 아니듯이 가을은 사색하고 추억하며 회고하고 성찰하며 자중하는 계절이다.

　우리의 눈이 둘인 것은, 보고 싶은 것만 보라는 것이 아니라 보고 싶지 않은 것도 보라는 것이며 귀가 둘인 것은 듣기 싫은 소리도 들으라는 것이다. 특히 공동체 생활에서 제일 무서운 것이 생각 없는 편승이고 편협이며 편 가름이다. 내 편은 무조건 옳고 상대편은 무조건 그르다고 해버리면 언제까지도 화합은 없고 상대방은 적이다.

　대표적인 예로 같은 종교가 종파로 갈라져 결국은 서로 죽고 죽이는 전쟁으로 번지고, 정당에서도 계파로 갈라져 분당으로 나뉘는 경우를 우리는 수 없이 경험했다. 편 가름의 단점과 원인은 편협하여 작당하기 때문이다. 옥석을 구분하지 못하는 사람을 이용하여 편을 가르기 위해 돌을 옥이라고 선동하면 우선은 돌이 옥이 되는 현실을 수없이 보아왔다. 사필귀정은 시간이 한참 흐른 뒤의 일이고 그 사이의 고통이나 손실을 회복할 수가 없다.

　자승자박인 줄을 모르는 것이 문제이다. 자기 발등인 줄을 모르고 도끼로 찍는데 아픔을 알고 난 뒤에는 후회하지만, 후회는 이미 때가 늦다.

　모르는 것은 부끄러운 것이 아니다. 알려고 하지 않는 것이 문제다. 가을이 가슴 속까지 깊이 물들고 있다. 선동에 휩쓸리지 말고 모르면 편을 들지 말고 모르면 모른다고 하는 진정함이 있어야 한다. 봄에 뿌린 씨앗이 정성과 진실을 결과로 말하는 결실의 계절인 지금이 가을이다.

21

나의 듣기평가 점수

    자신에 대한 지적은 누구나 듣기 싫어한다. 좋든 싫든 상관없다. 언행이든 결과물이든 자신에 대한 평가 그 자체를 싫어한다. 스트레스를 받을 수도 있고 충격파에 의한 트라우마에 빠질 수도 있어 안 들었으면 한다.

    어떤 작품에 대한 학술적인 주제나 논제를 제시하는 평을 받으면 조심스러워도 솔깃하게 들어줄 수 있으나 일상적인 언행에 대한 평이나 지적은 듣기 거북하다. '들으면 병이고 안 들으면 약'이라고 생각한다. 그렇지만 '들으면 약이고 안 들으면 병이다'가 옳다. 어느 누가 상대방을 위해 지적하거나 평하고 싶은 사람이 있겠나. 입 다물고 있으면 무난할 것인데 긁어서 부스럼을 만들까 봐 조심스러워한다.

    비난이 아닌 비평이든 비방이 아닌 비판이라도 조언으로 받아들이지 않으면 안 하는 것만 못해서다. 지인이나 친구라 해도 용기가 아니고서는 쉽게 할 수 없다. 흠이든 결이든 잘못이 있어 지적할 정도면 남남으로서는 예사로운 사이가 아니든지 또 다른 깊은 정이 있어서가 분명한데 어떻게 받아들일지 염려되어서다. 상대를 위한 도움

말이라고 생각하면 좋은데 경계심을 앞세우고 반격의 태세부터 취한다. 마찰이 생긴다. 지적이든 비평이든 마찬가지다.

평은 하기도 잘해야 하지만 듣기를 더 잘해야 한다. 친구나 남다른 지인 사이라면 '그랬었어?', '그런 거야?', '그런 경우도 있었어?'라거나 아니면 '내가 잘못 안 거야?'로 시작하면 무난하게 대화가 이루어지지만, 같잖게 여기거나 고깝게 듣는다면 단절이고 파국이다.

순자 수신 편에는 "나의 잘못을 지적하는 사람은 나를 깨우쳐 주는 스승이지만 나에게 아첨하고 아부하는 사람은 도적이니라" 했다. 견해의 차이를 인정하고 수긍이야 하든 말든 우선 받아들이는 자세가 중요하다.

사회관계망에는 온갖 댓글이 달린다. 익명의 댓글에는 신경 쓸 일이 아니다. 도적이 얼굴을 가리지 스승은 얼굴을 가리지 않는다. 걸러서 받아들이면 재고의 기회이고 성찰의 과정인데 말로는 쉬워도 감정 없이 받아들이기도 쉬운 일은 아니다.

나이 육십이 되면 귀가 순해져야 한다고 이순이라고 했다. 시달림과 터득의 반복이 깨우침으로 숙성되기 위한 과정이 그만큼 길었다는 뜻이다. 뭇사람과의 만남에서 오는 온갖 부딪침이, 의사소통의 수단인 말하고 듣기에서 일상적으로 일어난다. 소리를 듣는 귀가 둘인데 가슴으로 듣는 귀는 네댓 개 되었으면 좋겠다. 나의 듣기평가 점수는 어느 정도일까.

22
남사 예담촌

봄꽃 소식이 얼핏얼핏 들려오면 꽃향기가 설핏설핏 오지랖에 스며든다. 잔설을 들치고 복수초가 피었다니 매화 옛 가지에 송골송골 맺힌 봉오리가 눈앞에 아른거려 마음이 바빠졌다.

어림짐작으로 지레 서두르며 가지마다 꽃을 피워 꽃내음을 품어낸다. 두어라, 오늘 일은 저만치 밀쳐두고 꽃소식 뒤쫓아서 발길을 재촉했다.

들숨마다 매향이 시름을 털어내고 춘정을 불러온다. 그런데 웬걸, 세상사가 어지러워서일까, 필동 말동 하여서 사나흘 걸러서 세 번째에 찾았더니 원정매가 만개했다. 옛 정취에 매료되어 해마다 봄이면 원정구려 원정매, 단속사지 정당매, 산천재의 남명매인 산청삼매를 옛적부터 찾았다.

보고 또 보면 또 다른 것이 보인다.

남사 예담촌, 누가 이토록 옛 세월을 붙들어 맸나?

유서 깊은 향리의 옛 모습을 길이 후손에 전하고자 온고지정에 밤잠을 설치고 법고창신에 몰입되어 여명을 걷어차고 연줄연줄 찾아서 집을 나서야 했던 그는 월헌 박우근 선생이었다.

'한국에서 가장 아름다운 마을 제1호'로 지정받기까지의 과정을 뉘라서 알까? 가는 곳마다 서운함으로 발길 돌리기를 얼마나 했을까. 이치와 상식은 언제나 뒷전이고 오로지 규정에만 목을 매는 저들의 대답이야 "검토해 보겠다"였으니, 이는 곧 '하지 않겠다'라는 것을 익히 알면서, 그래도 이것만은 그러지 않을 것이라고 마음 다잡기를 또 얼마나 했을까.

세상일에 앞장서면 돕는 사람보다 쪽박 깨는 사람이 더 많다. 칭송과 찬양은커녕 시기와 폄하의 시류가 팽배한 세상인 줄 알면서, 사돈 팔촌이 아니라 남 사돈 열 촌까지 찾아다니며 기어이 국가 지정 '한국에서 가장 아름다운 마을 제1호 남사 예담촌'으로 지정받았다.

일은 만들면 일이 일을 만들어 낸다. 면우 곽종석 선생의 유림독립운동기념관과 기산 박헌봉 선생의 기산국악당을 기림의 집념으로 세웠다.

끝인가 하면 끝이 아니고 또 시작이다. 옛 정취를 얽어맨 전선을 걷어내고 전신주를 뽑아야 했다. 저절로 없어진 것이 아니건만 생각 없이 카메라를 들이대고 휴대폰을 들이민다. 옛 정취 말아먹고 사진 망치는 터줏대감 전신주를 뽑고 전깃줄을 걷어냈다.

가랑비에 옷 젖고 입에서 단내 나는 그 속을 누가 알랴.

'남사리연혁비' 옆에 '애향 지사 월헌 박우근 선생 공적비'를 세워야 할 것 같다. 매향과 함께 애향도 길이 후세들에게 이어지길 바란다.

23
농산리 석불입상

　방방곡곡에 석가탄신을 봉축하는 연등이 내걸리는 초파일이 되면 언제나 마음 한구석을 짠하게 하는 석조여래불 입상이 있다.
　철쭉꽃이 방싯거리는 말목재를 넘어가면, 작은 논배미 가장자리의 산자락 길 저만치에, 하늘 높이 치솟은 울창한 소나무 숲속에 좁다랗게 초원을 깔고 천년세월에 빛이 바랜 석불이 섰다. 이목구비가 완전하고 법의의 주름까지 선명한 여래불 입상이 광배까지 하나의 돌에 조성되어 빼어난 몸매의 굴곡이 섬세하게 사실적으로 표현되어 생동감이 감돈다. 오른쪽 어깨 위의 광배가 조금 떨어져 나갔으나 통일신라시대에 조성되었다니 천년세월의 풍상인들 오죽했겠냐만, 산새도 적적한 인적 없는 외진 골에 홀로 섰으니 무슨 사연이 있어서일까.

　2015년 7월 27일 자 경남일보에 경남기행수필 '윤위식의 발길 닿는 대로' 70회분을 쓰려고 월성계곡을 찾아가는 길에 작은 표지판을 보고 처음으로 친견의 연을 맺었다.
　텃밭만 한 바닥은 잡초가 우거지고 사방을 둘러친 소나무 숲이 하늘을 가린 틈새에 동그랗게 하늘이 문을 연 천공의 빛이 처량히도 홀로선 불상을 비추고 있었다.

　절터의 흔적도 없다. 절집이 앉았을 만한 빈터가 없다. 안내판에는 무슨 사지라는 문구도 없다. 통일신라시대에 조성된 보물 제1436호인 '농산리 석조여래입상'이라고만 했다. 색즉시공 공즉시색, 천년세월에 기록조차 잊었을까. 봉축의 날 초파일인데 이 일을 어쩌나.

　방방곡곡 절집마다 연등으로 가득하고, 법복 입은 재가 보살이 전각마다 북적대며, 송편 절편 사철 과일 불단마다 탑을 쌓고, 색색 가지 과자 놓고 꽃바구니 넘치는데, 중생제도 천년세월 주야장천 자비발심, 풍모도 인자하고 자애롭고 온화한데, 어찌하여 보살님은 사시마지는 고사하고 향 내음도 한 점 없고 연등도 하나 없이 외진 골에 홀로 서서 비 가림도 못하시니 어쩌실 요량입니까?

　금을 갖고 오라 하나 은을 갖고 오라 하나 가벼운 신심으로 이따금 찾아들면 돌부처도 반기련만, 석가탄신 초파일에 공양은 고사하고 찾는 이도 하나 없어, 적적하고 적막하니 불심도 속절없고 신심도 속절없다.

　근작의 보안 시설에 행정의 손길만 감사할 뿐, 석조 여래 부처님의 살림살이가 손바닥만 한 돌판 위 스텐 향로 하나가 전부이다. 아무리 무소유라 해도 앞으로 천년도 더 사셔야 할 살림살이가 이게 뭡니까. 나무아미타불!

24

늘그막의 삶의 지혜

올여름의 폭염은 시작부터 별나다. 이틀 비 오고 장마가 끝났다니 해보자고 벼르는 것 같다. 사실 여름의 맛은 더위이고 제격의 멋은 피서다. 다글다글 볶아대든 후끈후끈 삶아대든 이글거리는 태양은 패기 넘치게 용맹스럽다.

한판 붙어보자는 식으로 아침부터 시뻘겋게 달궈진 알몸으로 덤벼든다. 그런다고 지레 겁을 먹고 에어컨 밑에서 뒹굴 생각 말고 '날씨 좋네!' 하고 간편 복장에 신발 끈을 조이면 새로운 하루가 시작된다.

그렇다고 젊은이들이 길손 따라 했다가는 백발백중 낭패 본다. 요즘 세상이 어떤 세상인데 제멋대로 혼자 나섰다간 돌아오면 문 안 열어줘서 속절없는 노숙자 신세 된다. 안식구 데리고 나가든지 아니면 각자도생을 합의 보든지 해야지, 그러지 않았다가는 가화만사성은 끝이다. 하지만, 유통기간 넘긴 노인네는 같이 가자 했다가는 도장 찍자 할 것이고 안 나간다 했다가는 속절없이 독방 신세다.

이럴 때 밥그릇 노하우를 발휘해야 노후가 편하다. 누구든 부지런하면 눈가는 데 손이 가고 마음 따라 발도 간다. 이 더위에 바깥일 하는 사람도 있는데 집 나서면 풍류객이지 신선놀음이 따로 있나.

  차도 안 만들고 휴대폰도 없었더라면 괴나리봇짐 걸머지고 합죽선 '차―악!' 하고 펼쳐 들면 멋도 멋이지만 오가는 사람 잡고 길도 묻고 안부도 전하며 말동무 보내면 길동무 만나고 길동무 떠나면 뜬구름 벗 삼으며 산을 가든 강을 가든 산천경개 섭렵하며 길 떠나는 맛에 더위는 양념으로 삼을 것인데, 인정머리 없는 과학 문명이 사람 사는 맛 다 망쳐놓았다. 그래도 어쩌나, 세상 따라 살아야지 딸깍발이 남산골샌님이 되면 북망산천이 제 발로 다가온다. 피자를 주든 햄버거를 주든 군말 말고 맛있다 하고, 식빵을 구워줘도 감지덕지 먹어야지 밥 찾고 국 찾았다간 딴살림 나야 한다.

  장수했다고 회갑 잔치하던 시절이 아니다. 육십은 한창때고 칠십이 청춘이며 구십은 예사이니 신물이 나고도 남을 때다. 귀찮게 안 굴면 괜찮겠지 하지만 있다는 그 자체가 귀찮은 존재다. 온종일 돌부처처럼 앉아 있어도 문제이고 아니면 한다는 짓이 구석구석 일이나 저지르는데 안사람인들 좋다고 하겠나. 알콩달콩도 해봤고 오순도순도 다 해봤다. 이제는 더 할 것이 없고 더 할 수도 없는 것뿐이다. 먹는 양도 줄었고 입는 품도 줄었다. 충분히 사용 기간이 지났다. 제 몸 가누기도 서로가 힘들다. 내일은 오늘보다 더 못하고 더 안 된다. 구박받고 구박한다는 소리를 예사로 들을 일이 아니다.

  이게 아닌데 이게 아닌데 하며 벌써 수십 년을 살았다.
  세상 돌아가는 것이 어째 수상하다 싶어 오래전에 고령자 환영이라는 단서를 붙여 문학 교실을 열고 제발 하고 오라고 했다.

  휴대폰으로 예약도 예매도 못 하고 식당 가서 키오스크 앞에서 뒷걸음질 치지 말고 배우고 익히며 유적 탐방도 하며 살아온 이야기도 글로 쓰자 했더니, 재주 타령하며 몸을 사렸다는 전화가 이제야 더러 온다. 말로는 살아온 이야기를 글로 쓰면 책이 수십 권도 더 될 거라면서도 한 줄 시작도 안 한다. 비석에 이름 석 자 새기려 말고 문학지 말석에라도 이름 석 자 올리면 어떨까 한다.

25

늦더위와 텃밭 농사

 계절의 변화는 어김이 없다. 더위든 추위든 안 갈 듯하다가도 때가 되면 가고 다음 계절이 온다. 반소매 옷이 아직도 옷걸이에 걸렸는데 겨울옷을 꺼내야 했다. 갑자기 일교차가 커서 옷차림이 어정쩡했다.
 아침저녁은 완연한 가을인데 한낮은 여름이었다. 기상청은 이변이라고 해서 그런가 했다. 하지만 괴이한 변고가 아니라는 것을 텃밭에 나가보고 고개를 끄덕였다.

 동생이 채소를 기르는 텃밭이 코앞에 있다. 집사람은 동서의 부지런 덕택으로 사계절 내내 제철 푸성귀를 내 것같이 뽑아다 먹는다. 가끔 일손을 거든다며 호미를 잡지만 일머리를 몰라서 땀만 흘린다.
 "형님 좋아한다고 자색 무를 심었어요."
 집사람은 동서의 말이 얼마나 고마웠던지 "즈거 숙모는 어찌 저리 말도 예쁘게 하는지…" 하며 잊을 만하면 동서 자랑을 양념으로 끼얹는다. 그럴 만도 하다. 입맛 갖추어 푸지게 따다 먹는 온갖 푸성귀들. 그래서 우리 식탁에는 끼니때마다 채소 샐러드가 그들먹하다.
 김장거리도 다 나온다. 무·배추 스무남은 포기면 충분하지만, 마늘과 고추도 텃밭에서 나온다.

　농작물은 양이 많고 적음과는 상관없이 일손 잡히기는 마찬가지다. 동생 내외는 농사꾼도 아니면서 재미 삼아 쪽파 심고 상추 심고 하다가 해를 거듭할수록 그 종류를 늘여가며 텃밭 전문가가 되었다. 이름도 못 들어본 별별 채소도 있다. 그러다 보니 날씨 변화에도 민감하고 언제 뭘 심어야 하는지, 절기도 웬만큼은 꿰고 있다.

　사람이든 작물이든 때가 있다. 시기를 놓치면 낭패다. 그런데 올해는 뭐가 잘못되었는지 배추 모종을 다시 심었다. 처서 무렵에 심었던 배추 모종이 데친 듯이 시들어서 다시 심느라 한참 늦었다. 남들 밭에는 노랗게 속잎이 차는데 겨우 쌈 배추 정도로 늦둥이다.
　올해 김장 농사는 틀렸다고 생각했는데 늦가을 햇볕이 예사롭지 않았다. 서두르라는 재촉인 줄은 몰랐다. 배추는 하루가 다르게 몸피를 키우더니 속잎을 노랗게 채웠다. 허리를 동여매 주었더니 절구통처럼 옹골차게 몸매를 갖추었다.

　가을 더위, 이유 있는 기상이변이었다. 늦여름의 가뭄으로 성장이 더뎠던 과일과 채소들까지 서두르라는 또 한 번의 기회였다. 늦가을의 이상 고온, 자연이 베푼 이유 있는 이변이었다. 이제 서리가 내린다. 찬 바람이 불어올 날이 머지않았다. 기회인 줄 알면서도 받아들일 여건조차 갖추지 못한 우리들의 아픈 삶에도 기회의 이변이 자주 오면 좋겠다.

26
단풍 예찬

아침 안개를 걷어낸 가을 햇살이 이슬을 깔고 눈이 부시게 찬란한 아침, 아파트에서 내려다보이는 베란다 바깥의 아침 풍경이 단풍으로 황홀경이다.

밤이슬을 적시며 짙푸른 빛깔을 헹궈낸 정원수들이 하루가 다르게 저마다의 색깔로 영롱하게 물들었다. 단풍의 색깔도 나무마다 다르다. 짙은 적색이 있고 밝은 황색이 있어 새빨갛기도 하고 샛노랗기도 한 빛깔들이 푸른 잎을 섞어 가며 어우러져, 색감의 아름다움이 숨 막히게 황홀하다. 사이사이에 여러 종류의 활엽수들이 섞여서 가지각색으로 물든 단풍이 정원 가득하게 가을을 푸지게도 끌어다 부었다.

멋지고 아름답다. 영롱하고 화려하다. 요란하지도 않고 야단스럽지 않게 빼어나게 아름답다. 요염하지 않고 영롱하면서도 거만스럽지 않고 화려하다. 피곤하게 경건하지도 않고 무겁게 엄숙하지도 않다. 현란하게 들뜨지 않고 숙연하지도 않으면서 그윽하고 차분하다. 흔들리지도 않고 흔들지도 않는 고고한 듯 고상한 심지 깊은 겸허한 아름다움이다.

무릉도원이 이만할까? 도솔천이면 이러할까? 별천지의 별세계다. 더는 갖지 않아도 충분하게 행복하다는 욕망의 저편, 유명세를 부러워하지 않으며 많고 적음도 따지 않고 높고 낮음을 비교하지 않으며 경쟁하지 않는 아우름이다. 풍악산이 아니라도 좋고 설악산이 아니라도 좋은 지금의 자리에서, 오케스트라의 선율을 색깔로 물들인 청순한 아름다움이다.

가질 만큼 가져보라는 저 너그러움, 누구에게도 차별하지 않는 베풂과 나눔의 박애, 갖출 것 다 갖춘 격조 높은 품격이 은근히 부러움을 사게 한다. 야릇하게 시샘이 난다. 옆의 옆에도 있고 앞의 앞에도 있는 어우러짐, 서로가 되어 어우러지지 않았으면 저토록 품위 있게 아름답지는 않았을 것이며 이토록 황홀한 풍광을 자아내지는 못했을 것이다.

치장하지 않은 아름다움의 냄새일까. 숨이 갑실 듯이 상큼하다. 더도 덜도 없는 순박함이 아름다움으로 승화되어 곱고 예쁘다.

찬양도 아깝지 않은 단풍의 기품, 그저 고맙게 예쁘기만 하다.

먼 길 떠나려는 마지막 단장, 별 바라기로 이슬을 떨치며 마지막 채비를 하는 단풍을 황홀하게 바라본다. 때 묻은 오지랖이 단풍으로 물든다. 감겼던 눈이 뜨이고 닫혔던 귀가 열린다. 밤에만 들리는 벽시계 초침 소리를, 단풍은 세월 가는 소리인 줄을 알고 있었나 보다. 단풍 같은 마음으로 단풍같이 곱게 물들고 싶다.

27
달력 속에 갇혀버린 5월

　어린이들의 소리가 들린다. 꿈결 같은 소리가 꿈만 같다. 눈에 밟히는 골목길의 소리다. 5월! 그 아련한 세월의 저편. 진달래의 꽃물이 보랏빛으로 입술을 물들이고 자운영 꽃반지 끼워주던 버들피리 소리가 아카시아 꽃향기를 쫓아 푸른 들판을 달린다. 초파일 연등에 불 밝히고 향 사르며 봉축했던 5월! 품 넓은 가슴에 달아드릴 카네이션꽃을 샀던 그날이 5월이었고 선생님 드릴 손수건 한 장 샀던 그날도 5월이었다.

　5월이 가슴을 후빈다. 눈시울 적신 여운이 아리도록 가슴을 헤집는다. 그날의 뻐꾸기는 짙푸른 보리밭을 건너다보며 그렇게 평화롭게 울더니만, 속절없는 세월 따라 주인 떠난 빈집들을 하염없이 바라보며 처량히도 섧게 운다. 지푸라기 버무린 진흙을 한입 물고 하늘을 나는 제비가 옛집을 못 찾아서 갈 곳 몰라 헤맨다. 삭정이를 물어 나르는 쌍을 지운 까치는 이웃이 그리운데 밭이랑 짓뭉개며 철없이 까불거리던 송아지도 간 곳 없고 홰를 치며 울던 낮닭의 울음소리도 들려오지 않는다. 재 넘어오던 기적소리에 줄장미 빨갛게 피던 골목길은 넓어져서 좋은데 손주가 앞섰던 자리에 보행보조기를 앞세운 할머니의 굽은 허리는 그저 서럽다.

　5월은 푸른데 벌판이 외롭다. 달리던 시냇물도 맥을 놓았다. 새들이 날아도 푸른 하늘뿐, 어디에도 어린이날의 노래가 없다. "5월은 푸르구나 우리들은 자란다"더니 종달새마저 떠나버린 임자 잃은 벌판은 처량히도 적적하다.

　5월은 달력 속에서 어린이가 뛰논다. 비비새같이 조잘거리는 소리가 들린다. 들리는 소리는 새싹들의 합창이다. 저 예쁜 것들! 우리의 미래이고 우리의 꿈이다. 까르르 웃는 애간장 녹이는 저 웃음소리, 천상의 나팔 소리다. 5월의 달력 속에 그들이 있다.
　5월의 달력 밖으로 그들을 불러내야 한다. 할머니의 무릎이 시리지 않게 불러내야 하고, 선생님의 가슴을 다시 뛰게 불러내야 한다. 만국기 물결 속에 태극기 휘날리게 불러내야 한다.

　"아우들아, 잘 있거라. 정든 교실아, 선생님, 저희들은 물러갑니다" 하고 졸업식장을 눈물바다로 만들며 하늘만큼 땅만큼 존경했던 선생님들, 스승의 날이면 코흘리개들이 용돈 모아 함께 산 넥타이 하나에 눈시울을 적셨고 스타킹 한 켤레에 가슴이 먹먹했던 우리의 선생님들은 5월의 달력 아련한 뒷장에 박제되어 옛 추억에 서럽고, 밥상머리 마주 앉아 고사리손으로 카네이션 달아주던 손주는 영상통화로 빈 무릎이 시리고, 금지옥엽의 아들딸은 계좌이체의 간편 처리에 앞산 뻐꾸기만 목이 메게 서럽다.

　쫓으면 내달리고 퍼지르고 앉아버리면 돌아보는 세월, 반환점 없는 세월행 쾌속 열차는 빛살같이 달리는데 폐선된 간이역에서 막차를 기다리는 밤손님은 세월의 이정표가 되어 화석으로 굳었다. 추억이 퇴색되어 미련이 서러워지기 전에 빛바랜 흑백사진을 걷어내고 영산홍 붉게 타는 5월의 벽면에 한 점 그림 액자로 걸어두고 고달픈 길손이 혹여 오거든 잠시 쉬어 가도 좋다는 안내판을 세워야 한다.
　아카시아 꽃향기에 장미의 함박웃음이 잠든 꿈을 깨운다. 달력 속에 갇혀버린 5월을 불러내야 할 지금이 5월이다.

28

대꾸 마라 진언

 허탈감이라 해도 시원찮고 배신감이라 해도 직성이 풀리지 않아 허망하다 못해 허튼소리라도 실컷 하면 진정이라도 될까 하여 막 대놓고 해본다.
 저들이 과연 국민의 대변자가 맞기나 하나. 대의정치의 민의를 대변하라고 내세운 국회의원이 어째 저 모양인가. 국민의 생명이 걸린 의료대란이 일어나도 모르는 것인지 아니면 모르는 척하는 것인지 입도 빵긋하지 않는 저들이 국회의원이 맞나.

 환자들의 목숨이 경각에 달렸는데 진료를 거부하겠다는 의사들의 집단행동을 보고도 국회가 '나 몰라라' 하고 있으니 이게 나라이고 이게 국회인가. 법을 만들고 고치는 곳이 국회이고 국정을 감사하는 것도 국회의 책무다. 국태민안과 국리민복을 위한 입법 정치의 최고기관인 국회가 정책이 잘못되었다든지 의협이 잘못한다든지 무슨 말이 있어야 할 게 아닌가. 어째서 여야를 막론하고 단 한 명의 국회의원도 말하는 이가 없나.

걸핏하면 광화문 굉장에 피켓 들고 모이기는 잘도 하더니만 국회의원이 의료분쟁에 입을 닫고 있어도 강 건너 불구경하듯 넋 놓고 있는 국민도 예삿일이 아니다. 이러니 국회의원들이 당선만 되고 나면 유권자를 개밥에 도토리 취급을 하는 것이다.

의협과 정부의 충돌이든 갈등이든 국회가 입법적 대안 대책을 내놓던지 가타부타 무슨 말이라도 있어야 하지 않나.
허망하다 허망하다 해도 이렇게 허망할 수가 있나. 진언이나 씨불거리며 열이라도 식히련다.

대꾸 마라 진언

대꾸 마라 대꾸 마라 표 떨어질라 대꾸 마라. 전공의가 옷을 벗든 의대생이 휴학하든 대꾸 마라 대꾸 마라 표 떨어질라 대꾸 마라. 전공의는 사직해도 개원하면 원장이고 의대생은 복학하면 때가 되면 의사 된다. 대꾸 마라 대꾸 마라 표 떨어질라 대꾸 마라.
이편 들면 저편 잃고 저편 들면 이편 잃어 입 다물고 대꾸 마라 표 떨어질라 대꾸 마라. 죽이 끓든 밥이 끓든 본척만척 대꾸 마라 표 떨어질라 대꾸 마라. 들어도 못 들은 척 알아도 모르는 척 묵묵부답 대꾸 마라 표 떨어질라 대꾸 마라. 왈가왈부하든 말든 묵언수행 면벽참선 없는 듯이 대꾸 마라 표 떨어질라 대꾸 마라. 이쪽 가면 이편인 듯 저쪽 가면 저편인 듯 말로서는 대꾸 마라 표 떨어질라 대꾸 마라. 분쟁이든 논쟁이든 시시비비 막론하고 입

다물고 대꾸 마라 표 떨어질라 대꾸 마라. 국민의 건망중을 한 해 두 해 지켜봤나 사흘 뒤면 다 까먹고 새까맣게 잊을 거니 눈치 볼 것 하나 없이 먼눈팔고 대꾸 마라 표 떨어질라 대꾸 마라. 공천 따면 당선이니 윗사람만 쳐다보고 손바닥에 불나도록 어쨌거나 비비대며 눈도 감고 귀도 막고 죽은 듯이 대꾸 마라.

의술도 100점이고 인성도 100점인 줄 철석같이 믿었는데 모자라면 보태고 남으면 뗀다는 등식이 빵점이니 색불이공 공불이색 웅대 말고 대꾸 마라. 이 몸이 죽고 죽어 일백 번 고쳐가며 의사 믿고 유병장수(有病長壽) 천년만년 살 것인데 대꾸 마라 대꾸 마라 표 떨어질라 대꾸 마라.

나랏말싸미 전공의와 달아 스로 사맛디 아니 할쌔 있어도 본체만체 대꾸 마라 표 떨어질라 대꾸 마라. 내 이를 어엿비 녀기다가 표 떨어질라 표 떨어질라 못 본 듯이 대꾸 마라. 이런들 어떠하리 저런들 어떠하리 여의도에 말뚝 박고 굿만 보고 떡 챙겨서 돌아앉아 대꾸 마라 표 떨어질라 대꾸 마라. 오등은 자(玆)에 아(我) 인명이 존엄함을 차(此)로서 세계만방에 고하여도 귀를 막고 때꾸 마라 그때는 그게 맞고 이때는 이게 맞다 가타부타 싸워도 제발 하고 대꾸 마라. 감을 놓든 배를 놓든 아제아제 바라아제 무상무념 대꾸 마라 표 떨어질라 대꾸 마라. 금도끼로 찍어내고 은도끼로 다듬어서 여의도의 그 큰 집에 천년만년 살고지라 귀를 막고 대꾸 마라 표 떨어질라 대꾸 마라.

소리소리 대꾸 마라 살사리 사바하(세 번).

29

도로아미타불

소신정치는 일관성이 있어야 한다는 뜻이다. 의대생 정원을 내년부터 2,000명 늘리겠다니까 전공의들이 즉각 발발하자 '의료개혁'을 하겠다고 했다. 국민은 의사 수가 부족하다는 현실을 몸소 겪고 있어 모두가 찬성했다. 의대 교수들도 의사가 모자란다는 데는 인식을 같이했다.

전공의들은 즉각 반발하며 휴직과 사직을 강행했다. 의대생을 늘리면 실력 낮은 학생들이 들어와 의사의 질이 나빠지고 심지어 의사는 병을 고치기도 하지만 병을 만들기도 한다고 했다. 의사 수가 늘면 수입이 줄어 한 번에 고칠 병도 두 번 세 번으로 늘린다는 뜻이다. 반발하는 전공의들이 현장을 떠나기 시작했다.

여기에 이르기까지 국민의 대변자인 여야 국회의원 전원은 침묵했다. 오로지 보건복지부 장·차관만 선봉에 섰다. 여론 조사마다 증원 찬성이 75% 이상이었다. 심지어 윤석열 대통령이 다 잘못하는데 이것 하나만은 잘한다며 반 윤석열 편에서도 환영했다. 그러나 국민의 정치적 건망증을 귀신같이 이용하는 국회의원들은 죽이 끓든 밥이 끓든 끈기 있게 묵언 정진하며 "표 떨어질라, 표 떨어질라" 대꾸 마라 진언만 암송 중이다.

때를 만난 것은 귀신 씨 나락 까먹는 소리만 해대는 온갖 채널의 떠버리들이고 개 모래 먹는 소리만 해대는 대담 쇼 프로의 어중이떠중이들이다.

의료사태가 7개월째 접어들자 '응급실 뺑뺑이'가 사망사고로 이어지기도 한다. 의사들은 맛 좀 보라는 식으로 시간만 끌면 자기들이 이긴다고 공언했다. 전공의들은 몇 달을 쉬든 몇 년을 쉬든 사후 보장을 갖춘 자들이다. 인턴, 레지던트는 뒤로 미루고 일반의로 개원하면 원장이다. 환자야 죽든 말든 정부가 굴복할 때까지 밀어붙이겠다는 것이다. 의사·의대생 게시판에 '더 죽어라', '하루에 천 명씩 죽어 나가면 좋겠다'라는 글까지 올랐다.

지금에 와서, 조급히 서둘렀다느니 체계적이고 과학적인 검토가 부족했다느니 충분한 협의가 없었다느니 하며 정치 농간꾼들이 목소리를 높인다. 소수 여론에라도 편승하여 매스컴에서 잊힌 사람이 안 되려고 따라 짖는 개가 크게 짖듯 장외정치꾼도 소리를 높인다. 이들의 소리를 방패로 삼고 여야에서도 보건복지부 장·차관 퇴진론을 꺼냈다. 나무에 올려놓고 흔든다. 비겁하다. 그게 소신이었다면 진즉에 하지. 표 떨어질라, 표 떨어질라. 도로아미타불!

30

독도는 지금

 동도와 서도가 결연한 자태로 마주 보고 섰다. 동도에 접안한 배에서 내리는 탐방객들을 두 섬이 손을 맞잡고 감싸안는다. 손에 손에 태극기를 흔들며 고마워한다. 우리 식구들이 왔다고 갈매기가 신이 났다. 그 많은 사람마다 인사를 하며 머리 위에 앉을 듯이 날갯짓이 바쁘다.

 바위벽에 부딪히며 하얗게 포말을 이루는 파도가 드세게 출렁거릴 줄 알았는데 육지 소식에 귀가 솔깃하여 숨을 죽인 듯 잔잔하다. 탐방객들이 오히려 소란하다. 포토존은 차례를 기다리며 자리바꿈을 하느라 함박웃음이 만발하고, 저마다 갖가지 포즈를 잡으며 셀프 사진을 찍느라 진풍경이다.
 검정 근무복을 갖춘 경찰들은 함께 사진 찍으려는 사람들로 한 발짝도 움직이지 못하고 동상처럼 굳어버렸고 독도는 근엄한 할아버지와 자상한 할머니가 되어 이들의 재롱을 행복하게 지켜본다.

 해면 바닥에 깔린 자갈돌은 동·남해 연안의 그것과 조금도 다르지 않다. 아리랑에 모가 닳아 반들반들 매끄럽고 애국가가 결을 다듬어 반짝반짝 빛이 나고 해조음이 볼을 비벼 재잘재잘 속삭인다.

결을 지은 암벽에는 틈새마다 무덕무덕 풀포기가 파릇하지만, 동도와 서도의 밑자락은 흙 한 줌 없이 자잘한 돌이 박힌 까칠한 바위벽이다. 해풍에 부대끼고 파도에 시달려서 거칠어진 것이 아니다. 끈질기게 집적대는 일본이 있어 한반도의 결을 속살까지 내보이며 준엄한 꾸짖음의 날이 섰다.

그들이 어디 모르고 그러는 것이 아니다. 계략이다. 아주 조금씩, 상상할 수 있는 모든 영역에서 집적거리며 백년대계의 추잡한 역사를 꾸미고 있다. 역겹도록 음흉한 왜구 근성이다. 가까이하기에는 너무도 역겨운 대상이지만 멀리하기에는 쓰임새가 아깝고 가깝기 때문이다.

한반도 평화에는 전혀 믿음이 안 가는 그들이다. 세계 어느 나라도 일본을 무시하지 않지만, 우리만 일본을 무시한다는 것을 세계는 알고 있다. 그들 중에도 독도는 한국령임을 올곧게 주장하는 학자들이 여럿이지만 따돌림을 당하고 있으니 씨 할 사람인데 안타깝다. 그들은 바뀌지도 않을 종족이고 고쳐지지도 않을 족속이며 변화하지도 않을 그들이다. 우리는 우리의 자의식을 굳건히 해야 한다.

민족의 정기가 응집된 독도, 동해의 서기가 충만한 독도, 우리의 여망을 기원하는 독도, 우리가 사랑하는 우리의 독도, 한결같이 당당한 자태가 거룩하게 근엄하고 위용 넘치게 장엄하다, 독도는 무궁화 강산에 아침 해를 띄우려고 망망대해에 우뚝 솟아 동해를 지키고 있다.

31
마지막 잎새

　벽에 걸린 달력이 달랑 한 장 남았다. 한 장 한 장 티 안 내고 어느새 떠나가고, 홀로 남아 처량하다. 오 헨리의 '마지막 잎새'만큼 애처롭고 측은하다.
　세상사에 부대낀 고단한 영혼들을 건져내려고, 아낌없이 버리면서 365일 마지막까지 향을 사른다. 향불의 연기는 서럽게도 가녀린데 언제까지 저러고 있을지 애처롭다. 연명의 줄을 잡고 거미줄에 매달린 낙엽처럼 애잔하다. 새해 아침에 가슴 벅차게 부풀었던 기백을 다 소진하고 지극히 낮춰버린 낮은 자세가 애달프게 숙연하다. 미련도 아니고 집착도 아니면서 못다 한 사연이 그래도 남았던지 제 몫을 마무리하려고 세월의 끈을 차마 놓지 못하고 기진한 모습이 애처롭다.

　까닭 없이 맺혀버린 매듭과 고를 풀며, 한숨의 긴 꼬리를 사리고 있다. 파르르 손끝이 떨린다. 비우고 비운 속, 이대로도 좋으니 언제까지나 머물고 싶어서 저러는 것은 아닌 것 같은데 측은하고 안쓰럽다.
　잔설이 녹기가 무섭게 꽃내음을 쫓아 바람 잡고 날뛰던 날의 기억이 두고두고 민망하여, 남몰래 삭여야 했던 회한의 눈물은 꽃샘추위였다.

물소리 새소리는 위안이었고 쉼 없이 불어대는 바람 소리는 원망의 대상이 아니라 어리석음을 일깨워 주는 성찰의 기회였다. 언제나 끝을 미리 알지 못하고 앞만 보고 달리던 날에는 열정의 태양이 영원하리라 믿고 껍죽거렸다. 겁 없는 오만이었다.

천둥소리에 기죽지 않은 것을 자랑으로 삼아도 바람에 데인 상처는 흉터로 남았다. 짙푸른 녹음을 배경으로 삼고, 멋모르고 우쭐거린 것은 철없는 만용이었다.

서른 밤씩 촘촘히 나의 일기를 쓰고 있는 줄을 이제야 알았다. 서리 맞지 않은 것을 다행으로 여기고 양심 앞에 들켜버린 속내까지 이제는 다 털어내고 속울음 울었던 사연도 말해야겠다. 못 볼 것을 본 듯이 손사래를 치며 외면했던 잊어버린 기억도 되돌리고, 시나브로 모질어져 식어버린 가슴도 다시 데우며 마지막 잎새를 마주 본다.

설한풍이 넘보고 있다고 발을 구르고, 등 붙일 데 없는 사람들을 만만하게 본다는 귀띔도 알아듣지 못한 나를 얼마나 원망했을까. 기력이 소진한 마지막 잎새는 이제는 날 선 바람을 막을 재간이 없고 눈보라를 가려줄 여력이 없다.

문풍지가 울던 날에는 도란도란 이야기가 정겨웠고 연탄재가 뒹굴던 때는 아랫목이 따뜻했다. 거울 앞에 서지 못하는 나의 속내를 털어내며 마지막 잎새가 떨어지기 전에 서둘러 마음을 다잡아야겠다.

32

말과 글의 잔재주

　말과 글은 의사전달의 매체이다. 넘쳐도 안 되고 모자라도 안 된다고 했는데 틀리면 어떻게 될까. 크든 작든 사달이 일어날 것이다. 몰라서 틀리는 경우와 잘못 알고 있어 틀리는 경우가 있다. 몰라서 틀리는 경우는 하지 않아야 할 것을 한 것이 잘못이고, 잘못 알고 있어 틀린 경우는 본인으로서는 어쩔 수 없는 경우여서 상대로서는 이해가 되는 경우다. 몰라서 틀리는 것과 잘못 알고 있어 틀리는 것은 그래서 다르다. 모른다는 것을 본인이 알면서 사용했기 때문에 일깨움을 받아들이지 않을 사람이고, 잘못인 줄 모르고 사용한 사람은 인지 즉시 고칠 사람이기 때문이다.

　화가이자 가수로서도 유명하거니와 방송진행자로도 이름을 날리던 ○○씨가 몇 해 전 어떤 방송을 진행하면서 강에 나면 갈대이고 산에 나면 억새라고 했다. 억새와 갈대를 구분할 줄 모르면서 잘 알고 있는 것 같이 힘주어 말했다. 이는 잘못 알고 있는 것이다.
　모 전문 문학지의 수필에 어떤 이는 '아 으악새 슬피우니 하는 노래는 이 억새를 두고 한 말'이라는 내용의 글을 실었다. 박영호 작사 고복수의 히트곡〈짝사랑〉의 가사조차 이해하지 못하면서 글로 썼다.

  말과 글은 대중가요의 노랫말과는 의미와 영향도 다른 경우가 더러 있다. 말과 글이 틀리면 혼돈을 주어 혼란까지 유발할 수 있으나 대중가요의 가사는 가사 내용과 곡의 흐름에 따르는 분위기에 묻혀 버리는 경우가 많다.

  아직도 허다하게 불리고 있는 소양강 처녀의 '외로운 갈대밭에 슬피 우는 두견새야' 하는 것도 두견새가 언제 어디서 우는 새인가를 생각하면 기가 막히지만 우리들의 심금을 울린 국민가요가 아닌가. 그 말고도 이미자의 히트곡〈저 강은 알고 있다〉에는 '비 오는 낙동강에 저녁노을 짙어지면' 하는데 비 오는 날에 저녁노을이라니 기막힌 내용이지만 영화까지 만들어져서 대성행을 했다.

  윤일로의〈월남의 달밤〉도 유행 당시에는 '먼 남쪽 섬의 나라 월남의 달밤' 하며 지금의 베트남을 섬나라로 작사되어 불리었다. 태극기를 흔들며 떠나던 국군, 태극기를 흔들며 보던 사람들, 부산항을 떠나는 배는 섬나라에 닿는 줄 알았다.

  대중가요는 가사의 내용이 선율의 감정에 묻혀 흘러가 버리면 그만이지만 글에는 의미와 영향이 따르므로 신중함을 요구한다.

  시(詩)나 수필에서도 마찬가지다. '간밤에 무서리가 하얗게 내리고' 했는데, 무서리는 색이 없고 된서리가 하얗다. 표현의 멋을 부리려고 했는지 '동쪽 하늘에 실낱같은 초승달이 뜨면'도 마찬가지다. 초승달은 서쪽 하늘에 잠시 나타나는 달이고 동쪽 하늘에는 그믐달이 새벽에 뜬다.

　지식과 학식이 못 미쳐서 다르게 혹은 틀리게 쓴다면 어쩔 수 없으나 멋과 맛을 내려고 사실과 다른 혹은 사실적이지 않은 잔재주를 부리면 대책이 없다.

　어느 유명 문학전문 월간지의 수필에 어떤 이가 능소화를 주제로 하면서 노래 천안삼거리의 가사의 '능수야 버들은 흥'에서 '능수야'를 '능소화'로 들었던지 능수버들이 아닌 '능소화'로 착각하고 천안삼거리에는 그래서 지금 능소화가 만발했다고 하였다. 이어지는 천안삼거리의 역사성을 떠나서라도 노래를 듣기만 하여도 '제멋에 겨워서 휘늘어졌구나 흥'에서 휘늘어진 수양버들이라는 것을 충분히 알 수 있는데도 잘못인 것을 모르면서 글을 억지로 만들어 내려는 의도임을 알 수 있다.

　이 같은 어불성설이나 억지와 맞닥뜨리면 독자는 여기서 더는 읽지 않는다. 말과 글에는 얄팍한 잔꾀를 부려서는 안 된다. 독자는 마음의 글을 사랑한다.

33
명절날의 고민거리

　설과 추석의 두 명절이 다가올 때마다 시댁과 처가를 놓고 '어떻게 하지?' 하는 걱정은 하면서도 남편은 남편대로 아내는 아내대로 속내를 털어놓지 못하고 속앓이하다가 더러는 다투기도 한다.
　아내인 여자의 입장은 즐거워야 할 명절을 쓸쓸하게 맞이할 친정 부모님의 모습이 눈에 선해 가슴이 아려온다.
　'둘도 많다 하나만 낳아 잘 기르자' '딸 하나가 열 아들 안 부럽다'라며 정부의 시책으로 자녀 하나 갖기 운동이 한창 벌어지던 때에 태어났던 세대들이 지금의 젊은 부부들이어서 명절이 다가오면 이 같은 시대적인 고민거리가 가정마다 허다하다.
　고령이거나 한 부모만 있는 무남독녀의 마음은 더 아플 것이다. 선 시댁 후 친정집이라는 고정관념이 여자에게서도 당연시되고 있다. 그래서 명절이면 시댁으로 간다.

　명절은 조상의 음덕을 기리고 가족이 모여서 즐거움을 나눠야 하는데, '시부모도 부모고 처부모도 부모다'라는 의식은 서로가 갖고 있으나 설과 추석에는 차례라는 가례가 있어 양가를 두고 난감하다. 그러나 차례를 모셔야 하는 며느리로서는 시댁을 우선할 수밖에 없다. 더구나 아이가 있고 아이의 본가이니 달리 방법도 없다.

아직은 선 시댁, 후 친정집을 인정하는 정서가 우세하여 그럭저럭 지내오기는 하지만 경우와 처지가 제각각이어서 더러는 심각한 상황까지 불러오고 있고 앞으로는 관념의 변화가 더 두드러질 것인데 갈등의 불씨가 될까 걱정스럽다.

딸만 있는 집은 시댁 우선이 언제나 마음에 걸린다. 친정 부모가 맞는 명절의 허망함이다. 즐거워야 할 명절이 오히려 허탈하고 쓸쓸하여 허무감만 느끼게 된다.

출가하여 시댁의 며느리가 된 딸은 명절 아침의 차례상 앞에 선 모습이 부모의 눈에 선하여 가슴이 아려온다. 부모가 되어서야 부모가 보이는 우리들의 자화상이고 엄마가 되어서야 비로소 엄마를 알게 되는 여자이기 때문이다. 사무치게 그리워서 달려가고 싶은 심경이다. 이쯤 되면 즐거워야 할 명절이 야속스럽다. 이 같은 심정을 시댁 식구들도 다 알고 있다. 그래서 차례를 모시고 나면 서둘러 친정으로 보낸다. 그러나 며느리의 심경은 인륜에 앞서 뜨거운 피가 흐르는 천륜이 가슴을 옥죈다. 딸린 자녀의 본가가 분명 시댁이라서 어쩔 수 없이 선 시댁 후 친정으로 선후를 가르지 않을 수 없으나 그마저도 서운하다.

문제는 명절날 아침의 차례다. 차례를 올리지 않는 가정이면 그나마 덜할 게다. 예의와 범절인 예법은 사람의 도리를 다하라고 만들었으며 예의와 범절도 그 시대에 걸맞아야 따를 수 있다.

지금은 대가족의 농경시대와는 환경도 조건도 판이하고 개념도 정서도 달라졌다. 지금은 하늘을 감동시켜 기적을 불러와 효자 효부가 되었던 전설의 시대가 아니다.

천륜과 인륜을 저버리지 않고 형편에 따르는 것이 현명한 처사이다. 예법도 사람이 만든 것이다. 사람이 만든 것은 사람이 고칠 수 있다.

34
미물과의 교감

날만 새 봐라! 저 화분을 다 치워버리는 한이 있어도 저 녀석을 어찌 찾아서 쫓아내야지 하고 이를 갈다시피 독한 마음을 먹고 이불을 뒤집어썼는데도 밉다 밉다 하니까 고깔을 모로 쓰고 "이래도 밉소?" 한다더니 기를 채워보자고 작정했는지 더 큰 소리로 울어댄다.

이조년 선생이 "일지 춘심을 자규야 알랴마는 다정도 병인양하여 잠 못 드러하노라"고 '다정가'를 읊으셨지만, 감나무 이파리가 붉게 물들면서 어둠은 일찍 오고 새벽은 멀리 멀어져서 잠자리에 들어도 온갖 잡념에 시달리며 머리가 복잡한데 일상에서 늘 실리가 기세를 부리니까 신선같이 살기는 틀렸지만, 밤만 되면 양심이 어김없이 찾아와 매정하게 꾸짖으며 다부지게 오금을 막아대면 속절없이 죄인이 되어 잠을 이루지 못하는데 저 녀석까지 끼어들어 부채질을 해댄다. 13층 아파트라서 전문 꾼이 아니고서는 올라오지 못할 것인데 예사 녀석은 아닌 모양이다.

몇 년 전 '윤위식의 발길 닿는 대로'라는 제하에 기행수필을 쓰러

경남 일대를 휘젓고 다니던 때에 서산대사가 출가하여 첫 삭발을 하였다는 원통암을 찾아 험난한 산길을 따라 좁다란 도랑 건너기를 수없이 하며 바윗돌을 돌고 돌며 앞만 보고 가는데 홀로 걷는 객이 외롭게 보였던지 어딘가에서 지켜보던 다람쥐 한 마리가 꼬리를 씰룩거리며 나타나서 바윗돌을 깡충깡충 건너뛰며 길 안내를 하는데 정적뿐인 산길에서 '미물도 길벗이 되는구나' 하며 반갑고 고마웠다.

산길이 꽤 험난하여 지친 다리를 끌며 쉬어갈까 하다가 좀만 더 좀만 더 하며 서산대사께서 축지법이라도 가르쳐 주었으면 이 고생을 덜 할 텐데 하고 단내나는 목소리로 투덜거리다가 발을 헛디뎌 넘어질 뻔하다가 가까스로 중심을 잡았다. 그런데, 요 녀석 다람쥐란 놈이 "넘볼 것을 넘보아야지. 주제에 축지법을 들먹여?" 하며 낙상당하지 않은 것을 천운으로 생각하라며 깨소금 맛이라 고소해 죽겠다는 듯이 꼬리를 짊어지고 엉덩이까지 실룩거리며 오두방정을 떨기에 노려봤더니 이제는 앞발을 들고 용서하라며 파리 손을 하고 비비대는 바람에 마주 보고 박장대소를 했었다.

이조년 선생은 자규를 벗 삼고 잠 못 이루며 춘심을 즐기며 다정도 병인양하여 잠 못 드러하노라고 했는데, 깊어 가는 가을밤이 외로움을 더하는데 일지 추심을 귀뚜리야 알랴마는 '다정도 병인양하여 잠 못 드러하노라' 하고 마음을 고쳐먹었다. 저 녀석이 있어 가을밤은 더 길어지고 깊어 간다.

35

밀레의 또 다른 그림

저녁 식탁에서 집사람이 "우리가 사는 모습을 그림으로 그리면 어떤 그림이 될까요?" 하고 뜬금없는 말을 걸어왔다. 또 밥상머리에서 샐러드를 자랑하고 싶은데 같은 소리를 자꾸 하려니 뭣해서 에두르려는 속내를 짐짓 알고 있어 헛불을 지폈다.

"흥부네 치맛자락만큼이나 가난이 조랑조랑했겠지."

"뭔 소리요?"

"그렇잖아? 천정이랑 벽지랑은 퇴색이 돼서 우중충하고 거실 바닥은 장판이 낡아서 때가 너무 잘 타고 싱크대 문짝은 패널이 물을 먹고 삭아서 장석이 뒤틀려 아귀가 안 맞고 마주 보는 두 사람도 백발이 성성한데 뭐 새것이라고는 벽에 걸린 달력밖에 더 있어?"

"누가 겉모양만 그리랬소, 사는 모습을 그리랬지."

"두부나 조포나 그게 그거지, 두 늙은이가 노령연금이 언제 들어오나 하고 로댕의 〈생각하는 사람〉의 모습과 비슷한 그림이겠지."

"하여튼 긍정적이고 희망적인 생각은 털끝만치도 못해" 하고 뽀로통해져서 이대로는 저녁 TV 뉴스 보기는 글렀다 싶어,

"알어 알어, 밥상머리에 두 늙은이가 싱싱한 샐러드를 마주놓고."

"늙은이는 빼고."

"그래 늙은이는 빼고 이하 전과 동" 하고 끝내려다가 뭔가 말을 좀 더 붙여야 태평성대를 누리겠다 싶어,

"이 엄동설한에 이렇게 풍성한 식탁을 마주하는 것이 복이지" 했더니 피식 웃는다. 이쯤이면 아홉 시 뉴스는 무난히 확보했다. 그래도 자기 수고도 알아주기를 바라는 눈치여서 "추운데 또 밭에 갔었어?" 했더니,

"밭에 안 가면 이런 푸성귀가 어디서 나와요?"를 시작으로 다시듣기 버튼을 안 눌러도 또 녹음기가 돌기 시작한다. 기계음이 아니라서 그나마 다행이지만, 마트에 가서는 이렇게 싱싱한 샐러드용은 못 산다. 채솟값이 금값이다. 마트에 한 번만 안 가면 5만 원은 번다는 등 안 들어도 다 아는 소리다. 그래서 웬만한 소리는 귓등으로 듣는다.

집에 들어가면 PC 모니터만 들여다보고 면벽하며 묵언수행이 내 본업이다. 부처님도 사시마지로 하루 한 끼뿐인데 나는 아침저녁으로 하루 두 끼로 공양을 한다. 점심은 밖에서 먹기 때문에 가까스로 삼식이는 면했으나 천복을 타고났다.

언제나 어제 같은 오늘이라서 내일이고 모레고 미리 다 안다. 그런데 '우리 사는 모습을 그림을 그리면 어떤 그림이 될까요?'라는 소리가 머리를 복잡하게 한다. 한 번도 그런 생각을 해보지 못한 자신이 부끄럽다. 명색이 글쟁이랍시고 온갖 소리를 다 끄적거리면서 정작 우리 집 가정사를 그려보지 못했다는 것은 분명 사이비 글쟁이다. 지금 마주한 식탁만 해도 그렇다. 이 엄동설한에 싱싱하고 풍성한 채소

샐러드가 복에 겨운 것 아닌가.

  삼라만상이 꽁꽁 얼어붙은 이 엄동설한에 노지에서 나온 싱싱한 야채샐러드가 우리의 밥상에 오른 것은 복이다 싶다.

  잎이 자잘한 배추와 상추에다 양배추 하며 땡땡 얼어붙은 땅에서 캔 빨간 냉이에다 시금치와 잘게 쪼갠 대파며, 사과와 감, 방울토마토, 블루베리, 키위에다 호두와 아몬드를 얹고 프렌치드레싱을 뿌렸으니 최상급인 것은 맞다. 누가 들어도 잘 사는 집인가 보네 할 만도 하다.

  양배추와 견과류 말고는 돈을 주고 산 것은 없다. 더 정확하게 말하면 견과류도 시집간 딸이 간간이 보내준 것이다. 이 말고는 모두 동생 밭에서 캐온 것이다.

  동생 내외가 하루도 빠짐없이 가꾸는 200여 평의 밭에서는 감자 고구마 옥수수 참깨 들깨는 기본이고 두 집 김장배추는 물론 부재료까지 심고 가꾸어 철철이 제철 채소가 식탁에 오른다. 서리가 내리기 전에 서너 발 남짓하게 비닐을 씌워서 한겨울 내내 뽑아다 먹는 채소들의 가짓수도 여럿이다. 이 모두가 출하용이 아니고 두 집 먹거리를 위한 것이라는 게 다른 농가와 다르다. 500여 미터의 거리를 두고 마주 보고는 두 집 중간쯤에 밭이 있다. 베란다에 나서기만 하면 훤하게 내려다보인다. 동서가 밭에 나온 것이 보이면 집사람은 일머리도 모르면서 부리나케 내려간다. 동서끼리 머리를 맞대고 뭔가를 하기는 하는데 일을 거드는 것인지 일을 만드는 것인지는 모른다.

"동서는 어찌 저리 말을 예쁘게 하는지 몰라."

채소 쌈을 먹을 때나 샐러드를 마주하면 가끔씩 자동 디스플레이 되는 말이지만 잠자코 있으면 후식이 안 나올 것이라서,

"또 뭐랬는데?"

"아니 말마다 형님이 좋아해서 이걸 심었고 형님이 좋아해서 저걸 심었다는데 너무 예쁘잖아요."

"말도 예쁘지만, 마음이 더 예쁜 거네."

아무튼 작물이 병치레를 덜 하는 것을 보면 그 마음을 먼저 읽고 있는 게 분명하다.

집사람이 밭에 간다고 나서면 가끔 베란다에 나가서 뭘 하나 하고 지켜봤는데 오늘은 밀레의 또 다른 그림 한 폭을 바라본다.

36

벌꿀과의 인연

해마다 아카시아꿀이 나오면 향이 좋아서 꿀을 산다. 아카시아꽃이 지고 밤꽃이 피기 전까지의 짧은 기간에 잡화꿀이 나오는데 가격이 아카시아꿀보다 비싸다. 연이어 나오는 밤꿀은 잡화꿀보다 더 비싸다. 질이 좋아서 비싼지 생산량이 적어서 비싼지는 모르지만, 그게 그것 같은데 아닌 모양이다. 어떻든 해마다 이맘때면 꿀을 한 말씩 산다. 그런데 꿀을 사 와서는 좋은 꿀을 잘 샀다며 내가 나를 다독거린다.

벌꿀과의 연을 처음 맺은 것이 꼭 40년 전에 함양군 휴천면 모전 마을에서 토종벌을 치는 한 씨를 만나고부터다. 용유담에 가족과 함께 가을 놀이 갔다가 건너다보이는 네댓 집의 작은 마을이 그림같이 내려앉은 경치에 이끌려 쉬엄쉬엄 혼자서 걸러 올라간 것이 인연이 되었다.

바윗돌 밑에 한 집 있고 감나무 밑에 또 한 집 있고 안 보이던 집이 언덕 아래에 또 한 집이 있다. 그림 같은 풍광이야 보는 건 즐겁겠지만 초막 같은 집에서 평생을 사는 애환인들 얼마나 많으랴. 내 살던 고향을 돌아보면 짐작되고도 남는다. 그래서 어떻게 사는가 싶어서 찾은 것이 평생의 인연이 되었다.

40대 정도인 생면부지의 그는 술에 찌들어 말 붙임도 제대로 못해보고 발길을 돌렸다.
섣달그믐이 다가올 무렵, 속옷 가게를 하는 집사람의 눈치를 보며,
"내의 두 벌만 싸주면 하는데."
"어디 선물하려고요?"
"용류담 가보려고."
한창 벼 베기를 할 무렵인데 추위를 타는지 벌벌 떨고 있더라고 이야기했던 그날을 집사람도 기억하고 있었던지 두툼한 '몽고메리' 남녀 내의를 군말 없이 싸주어서 발걸음이 가벼웠다.

한 씨의 안 사람인 듯하여 지난가을에 들렸던 그날의 이야기를 나누고 출렁다리를 건너섰는데 뒤에서 부르는 소리가 있어 돌아봤다.
"이거 가지고 가이소" 하고는 뭔가를 출렁다리에 놓아두고 부리나케 산길로 사라졌다. 네모난 벌통의 토종꿀이었다. 내 뒤를 밟고 따라왔다가 두고 간 그 속이 벌통 속같이 꽉 찼다.

설을 쇠고 다시 찾았다가 이야기 끝에 동생 장식이와 용식이가 어쩐다는 말에 성씨가 뭐냐고 물었더니 윤가랬다. 식(植)자 돌림이면 같은 항렬이다. 아버님께서도 매년 가시던 합천 오도산 시제에 그의 친정아버지께서도 다니셨다니 가까운 혈족이었다. 이를 전해 들은 한

씨는 매형뻘인 것을 알고 몇 차례 만남 끝에 새로 생긴 처남들의 체면을 깎아서는 안 된다며 술을 끊고 마음을 다잡고 토종벌을 길렀다.

"벌통에 매달은 유리병은 뭡니까?"
"끓인 꿀인데 말벌이 꿀을 훔치러 와서 진한 꿀 냄새를 맡고 병에 들어가서 못 나와."
"그럼, 벌통에 벌이 들어가면요?"
"토종벌이 얼마나 고고한지 꽃의 꿀이 아니면 안 따와."
"설탕물을 주잖아요?" 했더니 벌통을 잘 들여다보란다.
도토리나무 껍질을 잘게 토막 내어 설탕물에 불려 담은 밑판 그릇이 있다. 여기에 앉았던 벌은 바깥으로 날아가고 꽃에서 오는 벌은 곧장 들어간다. 고개를 끄덕이니까,
"하늘 아는 짐승이지. 집에 초상이 나면 벌통에다 먼저 부고를 꽂아야 해. 그러면 벌이 허리에 하얀 띠를 두르고 나와. 부고를 안 보내면 벌이 다 나가버려."
동화나 전설 같은 이야기지만 사실이다. 그런 꿀이었으니 당시에 됫박 같은 벌꿀 한 통에 18만 원씩 했다. 사양 꿀이라는 용어도 없었고 치즈 덩이 같은 벌 먹이도 없었으며 정제니 농축이란 말도 없었다. 하늘 아는 짐승이 하늘의 이치대로 살며 내어주는 꿀이었다.

매형은 고향 마천서 나서 한학을 공부하며 옻나무 진을 내는 것을 생업으로 삼고 결혼도 했으나, 생계가 어려워 식솔을 거느리고 전라북도 운봉의 목기공장에서 신바람 나게 목기를 깎았는데 그의 솜씨

가 알려져 공장까지 차렸다. '한씨 목기'라며 소문도 널리 났는데 스테인리스 그릇이 나오면서 알거지 신세가 되었다.

다시 고향으로 돌아와서 마천 한지 생산에 내로라하는 유명세를 날렸는데 주택 개량 사업으로 유리창이 창호지를 밀어내는 바람에 또 알거지가 되어 야반도주하듯 이곳 모전마을로 이주하여 술로 살던 중에 우연히 인연이 닿은 것이다.

한우도 두세 마리를 기르게 되었고 젊어서 익힌 한학으로 제문이나 축문을 도맡아 써주면서 한학을 인정받으며 사람 사는 것 같이 살았는데 느닷없는 토종벌의 멸종으로 또다시 쇠락했다. 그의 기구한 운명을 사랑하며 술을 끊은 그가 좋아서 꿀맛을 제대로 알았는데 오래전 그도 하늘 아는 벌을 따라 하늘로 갔다.

37

법 좋아하는 사람

 흔히들 '그 사람은 법 없이도 사는 사람'이라는 말을 한다. 선한 사람이다. 법과의 마찰도 가진 일이 없고 법정 다툼도 해본 일이 없는 사람을 두고 하는 말이다. 만에 하나를 빼고는 다들 그렇게 살고 있다. 상대하는 사람이 모두 선량하고 양심적이기 때문이다.
 본인이 아무리 선량하고 양심적이고 도덕적이고 어질고 점잖은 인품을 갖추었다 해도, 상대를 잘못 만나면 어쩔 수 없이 법의 판단을 받을 수밖에 없다. 피해를 보고, 손해를 입고, 누명을 쓰고, 해코지를 당하면서도 참는 사람이 있다. 손해도 오명도 감수해버리면 법정 다툼이 없다. 하지만, 더는 견딜 수 없을 지경에 이르면 법에 호소할 수밖에 없다. 인내의 한계를 넘어서면 최후 방법인 방어적 수단으로 쓰게 된다.

 법은 선량한 사람을 보호하기 위해서고 위법한 사람을 응징하기 위해서 어쩔 수 없이 공익적 차원에서 만든 최후의 수단이다. 공동체가 지속적으로 유지되려면 원칙과 기준이 있어야 한다. 즉 법이다.
 우리는 모든 시간과 공간에서 법의 테두리를 벗어나지 못한다.

횡단보도를 건너고, 신호등을 시키고, 제한속도를 지키는 것도 법의 범주이고, 아이를 양육하고 교육하는 것도 법의 범주이고, 해도 무방한 것과 해서는 안 되는 것을 가르는 것도 법의 범주이다. 남자가 군대에 가고, 누구든 세금을 내고, 심지어 쓰레기를 버리는 것까지 법에 따라야 한다. 먹고 자는 것도 엄격하게 따지면 잠을 자서는 안 될 곳과 먹어서도 안 될 것을 가려야 한다. 그러고 보면 모든 생활, 즉 삶 자체가 법의 테두리 안에 있다.

이치가 우선이고 다음이 도덕이고 다음이 상식이고 최하위가 법이지만 법은 구속력을 가지므로 일종의 강제적 속박인데도 인권의 침해나, 방어나, 보호를 받기 위한 강력한 수단이어서 다들 따른다.

'법 없이도 사는 사람'은 의무는 다하고 권리를 경우에 따라 포기한 사람들이 주류를 이룬다. 아주 선량한 사람으로 보일 수 있지만 아주 몹쓸 사람일 수도 있다.

'부정 앞에 침묵하면 부정에 동조한 것이다'라는 법리를 알아야 한다. 상대로부터 누명을 쓰거니 피해를 보고 있는데도 침묵하고 방관한다. 아닌 것을 알거나 아닌 것이 확실하면 '그건 아니다'라고 즉석에서 말 한마디만 거들어도 누명도 벗고 피해도 막을 수 있어 법정 다툼까지 가지 않을 수 있는데도 침묵하거나 방관해 버리니까 피해자는 속절없이 일방적으로 당할 수밖에 없어 법에 호소하는 것이다. 법이 좋아서 법을 좋아하는 사람이 아니다.

38

복수초는 피었는데

영남 일부 지방을 빼고는 얼마 전까지 폭설이 왔다. 눈이 많이 오면 불편하거나 불안한 것이 한둘이 아니지만, 그 피해는 모두 인위적인 구조물이나 제조물에 한정되지, 자연적인 삼라만상의 만물에는 천혜의 베풂이다.

지구 자체가 자연의 결집체로서 농경사회는 자연의 섭리에 따라 자연의 영역에서만 생성해 왔지, 지금처럼 4차원을 넘나들게 만들어진 구조가 아니다. 철 따라서 바꿔가며 씨 뿌리고 가꾸어서 거두어 생활하는 자연의 순리를 자연스럽게 따랐다. 천재지변이 아니고서는 무리 없이 살아왔다. 자연의 순리를 거스르지 않았기 때문이다. 모든 삶을 그저 하늘의 뜻에 맡기고 더도 덜도 말고 천재지변의 재난이나 재앙 없이 이대로 유지되기를 바라고 살았다.

그러던 것이 삶의 가치관이 절대적 가치관에서 상대적 가치관으로 바뀌면서 앞다투어 나가려고 개발이라는 편익성에 몰입되어 그 욕구의 끝이 보이지 않게 급속도로 발전해 왔다. 따라서 과학이 발달하면 할수록 자연과의 마찰은 필연적으로 늘어났다. 하지만, 주체자인 사람은 어쩔 수 없이 이를 감수해야 한다.

 피해 감수는 아픔이다. 그래서 피해를 없게 하려고 아니면 보다 더 줄이려고 연구하고 개발하며 발전시키는 것이 인류공동체의 사명이 되었다. 모든 사람이 더불어 행복해지려고 만들어진 것이 사회공동체다. 공동체가 완벽하게 튼실해지려면 독선, 독주, 독식이 없어야 하고 편 가름이 없어야 한다. 가해자도 피해자도 없어야 하며 소외당하지 않아야 하고 억울하지도 않아야 한다. 오로지 협력과 협동이 있어야 하고 정의로운 화합과 공정한 원칙이 있어야 하며 나눔과 베풂이 있어야 하고 믿음과 사랑이 있어야 한다. 합리적이고 합법적인 관계를 형성하면서 인간답게 사는 삶의 가치를 누리려고 서로 돕고 사는 사회를 만드는 것이며, 혼자 또는 인간이 감당하기 어려운 피해를 예방하고 피해를 보더라도 그 복원 복구를 수월하게 하려고 결속하는 것이 사회구성의 목적이다.

 가두리양식장의 냉해 피해가 속출하고 있다. 적조 피해와 함께 연례행사처럼 되었다. 과수농가가 냉해로 피해를 보고 벼농사도 병충해로 피해를 보았으며 비닐하우스도 폭설로 피해를 보았고 등산객이 실족하고 빙벽 타기를 하다가 추락사고를 당하고 풍랑에 고깃배가 전복되었다.
 "누가 하랬어? 이익 나면 혼자 먹고 피해 보면 보상받고? 국민이 봉인가?"라고 해버리면 우리 사회는 한 발짝도 앞으로 나가지 못한다.

로봇이 철거덕 철거덕 쇳소리를 내며 다가오고 AI가 등 뒤에서 성큼성큼 다가와 목덜미를 잡아챈다. 아날로그의 수동작동이 아니라 인공지능의 자체 작동이다. 스스로 기획하고 스스로 판단하고 스스로 실행할 날이 머지않았다. 피도 눈물도 없는 무자비한 문명의 산물이 되어 인간에게 도전하고 반격할 수도 있다. 사람은 그저 인간의 종속물로 기획했으나 그것들이 지능을 갖춘 이상 인간 지능을 능가하지 못할 것이라고 장담할 수 없다. 그들에게는 따뜻한 가슴이 없기 때문이다. 그래서 그들은 인간과 화합하지 못할 수 있고 그들끼리도 충돌할 것이다. 그들이 충돌할 때마다 상처도 피해도 인간이 입게 된다.

따뜻한 가슴의 온기가 갈수록 절실하다. 간단한 ARS에도 노인들은 무시당하고 키오스크가 가로막은 식당에서도 멸시받고 있다. 노인들은 ARS의 음성에 겁부터 먹는다. 가입도 신청도 전부 ARS의 과정을 거쳐야 하며 상담사와의 연결도 ARS의 과정을 거쳐야 한다. 차표 예매도 못 하고 식당에서 음식 주문을 못 해 괄시받고 있다. 그들의 도움은 받을 수가 없다. 차가운 냉혈의 전자파가 흐르지, 가슴 따듯한 체온이 없어서다.

물질적이든 정신적이든 소외당하지 않고 인간이 인간답게 살 수 있는 세상으로 돌아오기를 간절히 빈다. 인재든 천재든 함께 극복하며 누구와도 서로는 눈 맞춤하며 질박한 웃음을 마음껏 웃을 수 있는 날은 언제 오려나. 잔설을 녹이는 복수초는 피었는데 우리의 봄을 알려줄 전령사는 어디쯤 오고 있을까?

39
봄바람을 한껏 잡고

정국은 대립과 갈등의 골이 날로 깊어지며 국민의 탄식 소리에 철 가는 줄 몰랐는데 상처 주고 상처받은 타는 속이 애달픈지 남녘의 꽃바람이 꽃내음을 앞세우고 시린 가슴 앞앞이 오지랖을 들썩인다.

아서라! 눈감고 귀 막는다고 지는 해가 다시 뜨나. 밤 가고 새벽이 오면 어련히 뜰 것인데 있는 속 없는 속 또 한 번 비우기로 하고 지인을 불러 봄바람을 잡고 남향길로 들었다.

사천 공항을 쳐다보니 가슴 짓누른 응어리를 훌훌 털고 제비같이 훨훨 하늘을 날고 싶다. 줄지어 나는 공군훈련기의 굉음이 찻장 유리를 디밀고 들이친다.

곧장 삼천포 방향으로 차를 몰았다. 선진 들머리에서부터 가로수는 온통 벚꽃이 만발했다. 시샘이 나서일까. 꽃샘추위에 꽃눈이 얼어서 전년 같지 못하고 가지 끝은 꽃송이가 성글어도 아낌없이 활짝 피어 숨이 막히도록 화사하다.

꽃향기 한가득 불러놓고 도다리회나 먹자며 사천대교를 건너 비토섬 가는 초입의 서포에 닿았다. 고깃배가 쉴 새 없는 작은 항의 포구를 끼고 정겹고 오붓한 아담한 어촌이다.

 오일장터의 주차장도 있고 다방도 있고 어구점도 있고 대장간에서 갓 나온 굴 따는 호미도 좌판에 늘어서서 새 임자를 기다리는데 봄 냄새가 지레 침을 삼키게 한다.

 두세 번 왔었으나 족히 30여 년의 세월이 흘러간 '우리 횟집'이다
 4인용 식탁 예닐곱 개가 마련된 오붓한 식당이다. 조용히 담소를 나눌 방 하나도 곁들여 있다. 수족관이 나란한 밖에서 보면 꽤 오랜 역사를 이어온 횟집이라는 것을 첫눈에 느낄 수 있다. 그렇다고 옛 내음을 물씬 풍기는 것은 아니다. 눈에 띄는 치장도 장식도 없이 그저 정갈한 손길이, 정성스럽게 씻고 닦은 흔적이 소박한 멋이다. 옥호 또한 허세도 없고 과장도 없는 솔직한 표현의 '우리 횟집'이다.
 바다 냄새가 물씬 풍기는 이름도 있고, 국적도 어원도 알 수 없는 품격 과시용 이름도 얼마든지 있는데 그저 '우리'라고 했다. 자기를 포함한 여러 사람을 일컫는 말로 나와 너를 차별하지 않고 너 같은 내가 되고 나 같은 너여서 한데 어우러져 마음을 같이 하는 무리가 '우리'이다. 그래선지 식당 안도 특별한 꾸밈도 없고 조형물도 한 점 없이 소박하고 정갈하다.
 회의 종류와 가격표가 알맞은 글씨로 쓰인 단정한 메뉴판이 실내 장식의 전부일 뿐, 우리여서인지 주방과 손님의 식탁과도 가림막이 없다. 손님들이 들고 나는 출입문은 엄연히 따로 있으면서 주방은 생선 다루는 도마만 살짝 아래로 가려졌을 뿐 조리 모습이 훤히 보이게 조금 낮을 뿐이다.

식탁에 앉으면 의자가 편안해서 마주한 사람과도 부담이 없고 벨 스위치를 누르지 않아도 종업원을 부를 수 있어 주객과도 하나가 되는 우리들의 '우리 횟집'이다.

요즘은 음식주문 방식이 키오스크 터치여서 인정머리라고는 털끝만큼도 없다. 덜 짜게나 덜 맵게 등 취향과도 상관없이 군말 말고 주는 대로 먹으라는 식인데 우리 횟집은 손님 기준이다.

'스끼다시'라는 말을 밑반찬이라고 하기도 그렇고, 곁들이 음식이라기도 그렇고, 그렇다고 들러리 음식이라기도 그렇긴 하지만 아무튼 스끼다시가 먼저 마음에 든다. 상다리가 휘게 나오는 것은 아니지만 식탁 그들먹하게 나오는데 냉장 음식이 아니라 조리를 갓 한 것이 마음에 든다.

왕새우와 가자미 찐 것은 따뜻하고, 해삼은 적당한 크기로 썰었는데 꼼지락거린다. 가짓수를 채우려는 느낌이 전혀 들지 않고 메인 메뉴가 나올 때까지 천천히 맛있게 드시라는 정감의 메시지가 오목조목 정갈하게 담겨있다.

모둠회를 시켰는데 봄 도다리가 제철로 살이 차서 맛있다며 도다리를 많이 썰었단다. 밑받침 없이 양 또한 접시에 수북하다. 토실토실한 살점이 입안에 쫀득쫀득하며 사글사글한 식감이 생글거리지도 않으면서 온화한 미소를 머금은 여주인과 종업원의 해맑은 얼굴같이 속 깊은 맛이다.

서포 앞바다의 자연산 일품 회 맛에 뼈다귀를 넣어 끓인 미역국을 곁들여서 남도의 봄맛에 흠뻑 빠졌다.

40
봄은 어디쯤 오고 있나

그렇게 곱던 단풍이 무서리 맞고 떨어지더니만 하얗게 된서리 맞고 바스락거리는 가랑잎으로 내동댕이쳐져 찬바람에 흩날려 버렸다.

북풍한설이 휘몰아치는 동토의 피폐함이 황량하기 그지없다.

꽃피던 세월은 황홀한 순간의 저편이었고 무성하게 푸르렀던 이파리들은 겁 없는 열정이었지 불멸의 이상은 아니었다.

우쭐거리며 나부대던 어제는 허세에 불과했고 오늘의 아픔이 있으리라고는 이성의 바깥에서 겉돌았다. 시련에 맞닥뜨려 이제야 깨우친 숙성된 체념의 지혜는 최후의 단장으로 막을 내렸다.

한점 뒤끝의 흔적조차 남기지 않으려고 가랑잎마저 동토의 빙점에 흩뿌렸다. 떠난 자리의 허전함이 긴 여운으로 남는 것은 미련 없이 진실한 비움이었고 아낌없이 정제된 베풂이었다.

이제야 오지랖을 적시는 회한의 눈물이 가슴을 따뜻하게 데운다.

돌아보지 않고 떠나간 뒷모습의 아름다움이 가슴을 저리게 하는 아쉬움뿐이다.

차마 붙잡지 못하고 선 채로 넋 놓고 굳어버린 우리의 등 뒤에는 찬바람이 몰려오고 있었다.

시월의 성숙한 매듭을 열꽃같이 불태우던 찬란한 빛깔의 색감들이 머물다간 자리에, 부리나케 엄습하는 칠흑 같은 어둠이 긴긴밤의 터널 속으로 우리의 영혼들을 빨아들였다. 그 끝이 어딘지는 아무도 모른다. 모르고 살아도 아무 문제 없어서 모르는 줄도 모르고 살고 있다.

어둠이 오고야 밝음을 알았다.
보내고 나서야 그리움을 알았다.
절박함이 오고야 간절함을 깨달았다.
매서운 칼바람을 맞고서야 봄바람의 훈훈함을 깨우쳤다.

이제야 남촌서 불어올 봄바람이 간절하지만, 산 너머 남촌이 어딘지 아직도 모른다.
언제나 가까이에서 영원하리라 여기고 눈여겨 봐두지 않았다. 손쉽게 닿을 수 있는 막연한 기다림이었지 간절한 기도가 아니었다. 배만 불렀지 등이 따습지 않았다. 가슴을 데울 열정이 없었다. 탐나는 것만 바라보았고 솔깃한 소리에만 귀를 기울였다. 신기루를 바라보며 즐거워했고 무지개를 타고 4차원을 넘나들며 바람에도 베이고 달빛에도 데는 줄 모르고 마음의 상처가 덧나는 줄도 몰랐다. 밤에 꾸는 꿈만 꿈인 줄 알면서 낮에 꾸는 꿈은 환상인 줄도 몰랐다.
겁 없는 줄 모르고 겁 없이 살았다. 지적받지 않으면 잘하는 줄 알

앉고 쳐다만 봐줘도 잘난 줄로 알았고 듣기만 해줘도 똑똑한 줄 알았다.

벌과 나비는 꿀과 향을 찾아 날아들고 산새 들새는 허기 저야 먹이를 찾아 하늘을 나는데 우리는 가리지 않고 허겁지겁 선점하려고만 앞다투어 나부댔다. 세상만사가 껍죽거리다가 뒤틀렸고 우쭐거리다가 낭패를 보았다. 때를 기다릴 줄도 모르고 서두르다 일을 그르쳤다. 누에는 네 번의 잠을 자야 고치를 지을 수 있고 개구리도 겨울잠을 자야 봄을 맞이할 수 있으며 장다리도 겨울을 참고 견뎌내야 새봄이 오면 꽃을 피울 수 있고 국화는 봄과 여름이 가기를 기다렸다가 꽃을 피운다.

미물도 자연의 순리에 순응하는데 사람은 순리를 겁 없이 거스른다. 정복하여 얻으려는 성취감의 유혹에서 벗어나지 못하고 있다.

나의 봄이 나를 애태우는 기다림이라면 봄은 어디쯤 오고 있나.

41
부끄러운 1위

우리나라가 OECD 38개국 가운데 1위를 차지하는 부분이 자살률, 저출산, 노인 빈곤, 노인 취업률 등이다. 영광스럽지 못한 1위다.

먹고살 만한 세상이라는데 왜 이런 결과가 나오는 것일까? 넘쳐서 탈이고 남아서 처치 곤란인데 뭔 소린가 하는 사람들이 많을 것이다.

도시마다 고층건물들이 빼곡하게 자리 잡아 바늘 하나 꽂을 틈새도 없이 하늘을 찌를 듯이 치솟고, 도로마다 차량은 넘쳐나고 국제공항은 평일에는 북새통이고 연휴면 아수라장이며, 관광지마다 휴양시설은 시즌 전에 이미 예약은 끝이 나고, 대형매장의 계산대 앞에는 카트기를 밀며 줄을 서고, 이름난 음식집 앞에는 번호표를 쥐고 하염없이 순서를 기다려야 하고, 대중교통은 언제나 만석이며, 명품 구매는 몇 달 전에 주문해도 될까 말까고, 가전제품 등 생활용품은 새것인지 헌것인지 분간도 안 되는데 골목 어귀에 나앉고, 멀쩡한 옷가지들은 헌옷 수거함에서 넘치고, 온갖 식자재며 먹다 남긴 음식물 쓰레기는 넘쳐서 처치 곤란이고, 씻기 싫고 삶기 싫어 일회용이 넘쳐나고, 초등학교 복도에는 우산이랑 신발이랑 유명브랜드 옷가지도 안 찾아가서 처치 곤란이며, 연예인의 행사장엔 예매공고가 뜨자마자 순식간에 동이 나고, 전국은 철도 없이 방방곡곡이 축제의 천국으로 운집하는 인파는 인산인해로 넘쳐나서 밀고 밀려서 사고 날까 위험천만인데 뭐가 부족하고 뭐가 모자라서일까?

어디 이뿐인가? 교육열과 교육 수준은 어떤가? 집집이 학사 석사 한 집 건너 박사여서 학력도 넘쳐나서 저마다 똑똑하여 의논도 필요 없고 물어볼 일도 없어 너 없어도 내 사는 데는 아무 문제가 없으니까 서로가 엮이지 말자며 나눔도 필요 없고 공유도 소용없어 교류나 친분이라는 단어는 사전에나 있을까 입에 없는 옛말이다.

물자와 학식, 이쯤이면 행복지수 1위가 돼야 하는데 왜일까?
어떤 그들을 빼놓고 우리가 사는 세상의 실상이다. 자살, 저출산, 노인 빈곤, 노인 취업, 본인이 원해서가 아니고 어쩔 수 없는 실제 상황이다.
은둔형 청년이 늘고 노인들이 일자리를 찾아 헤맨다.

우리나라 가구 중위소득을 2,998만 원이라고 했다. 이의 50%인 1,499만 원을 넘지 않으면 빈곤이라고 본다는데 월 소득으로 따지면 124만여 원이다. 노인 아닌 젊은 세대도 이에 못 미치는 가구가 수두룩하다. 부끄러운 1위, 2024년 새해에는 벗어나기를 간절히 소망한다.

42
북한은 지금

지난 19일 김정은 북한 국무위원장이 초대형 방사포의 사격훈련을 지도했다고 북한 매체가 보도했다. 신형 방사포 6발을 동시에 발사하여 탄착지점을 타격하는 사진까지 내보냈다.

여기에 전술 핵탄두, '화산-31'을 장착할 수 있는 사거리가 400km로 우리나라 전역이 타격권에 든다.

지난 신년 초에도 북한은 순항미사일 발사 사실을 공개하면서 '초대형 전투부 위력 시험'이라고 밝혔는데, 초대형 전투부가 뭔지는 모르지만 굵은 탄두부를 단 순항미사일이라며 저공 비행하여 지상 목표물을 정확하게 타격하는 사진까지 공개했다. 주목할 것은 굵은 탄두부를 달았다는 것으로 이는 핵탄두를 달 수 있다는 것으로 보인다.

우선 순항미사일은 저공비행을 하므로 우리의 레이다로 이를 추적하기가 어려운데 잠수함에서도 발사할 수 있다. 근접거리에 있는 우리의 대응 전략은 완벽한가? 공중에서 격추하면 핵의 피해는 어떠할까? 북한이 우리에게 ICBM을 발사할 이유는 없다. 그들의 ICBM은 우리를 지원할 우방국의 견제수단이지만 순항미사일은 우리가 목표물이다.

2004년 들어 북한은 서해상으로 계속하여 순항미사일 여러 발을 발사하고 있다. 언제 어느 때에 타격지점을 바꿀지 알 수 없다. 저들은 지금 우리를 위협하며 우리의 맞대응을 유발시켜 침공의 빌미를 잡자고 찝쩍거리는 것이다.

김정은은, 그들이 주장하는 북한 영토, 영공, 영해를 0.001㎜라도 침범한다면 이는 전쟁 도발로 간주할 것이라고 경고했다. 그는 2024년 최고인민회의 시정연설에서 우리를 "철두철미 제1의 적대국으로, 불변의 주적으로 확고히 간주하고 전쟁이 일어나면 완전히 점령·평정·수복하겠다"라고 했다.

존 커비 미 백악관 국가안보회의(NSC) 전략소통조정관은 브리핑에서 '김 위원장이 한국과 미국을 겨냥해 핵 및 전쟁 위협을 하고 있는 것이 실제 행동으로 이어질 것으로 보느냐?'는 질문에 "김정은의 말을 심각하게 받아들여야 한다"고 답변했다.

미 고위급 인사들도 "한반도의 상황은 김일성이 남침을 결정한 1950년 6월 초 이후 그 어느 때보다 위험하다"는데 당사국인 우리만 위협을 못 느끼고 있는 것 같다.

북한이 러시아에 대량의 포탄과 탄도미사일을 지원하는 것을 보면 우리와는 속전속결로 끝내겠는 의도다. 우크라이나 전쟁, 이스라엘과 하마스, 인접한 중동의 확전 가능성 등 세계 정세를 고려하면 우리는 지금 무엇을 해야 할 것인가를 결정해야 할 때다.

43

비밀번호와의 불편한 동거

　태어나 출생신고를 하면 처음으로 주민등록번호를 갖는다. 누구나 자주 써야 할 일이 있으므로 알아두기보다 외워둬야 좋다. 열세 자리의 아라비아 숫자를 순서대로 평생을 외우고 있어야 한다.

　다음으로 시급한 것이 현관문 열쇠 비밀번호다. 몰라도 안 열어주고 틀려도 안 열어준다. 이 세상에 기계만큼 무식하고 인정머리 없는 것이 없다.
　애걸복걸해도 안 열어주고 통사정을 해봤자 듣지도 않는다. 외어두지 않으면 속절없이 노숙자 신세가 된다. 화난다고 발길질했다가는 현관문 새로 사 달고 집사람한테서 쫓겨난다.

　다음으로 통장 비밀번호다. 이걸 외우지 못하면 알아낼 때까지 어쩔 수 없이 거지 신세가 된다. 내 돈 넣었는데 비밀번호 못 외운다고 문전박대. 화난다고 주먹질이라도 했다가는 양손에 은팔찌 찬다. 자동인출기도 인정머리 없기가 얼음장 같다. 인정은 돈으로 못 산다는 것을 깨우치고 발길을 돌려야 한다.

우리는 매일같이 여러 개의 비밀번호를 쓰고 있다. 컴퓨터를 켜면서부터 비밀번호와 기억력 싸움을 해야 한다. 내 아이디와 비밀번호, 로그인 때마다 비밀번호를 쳐야 한다.

한두 개 정도면 싸울 일이 없지만 접속하는 곳마다 로그인하라는데 어쩌나. 접속하려면 어쩔 수 없이 회원 가입을 위해 아이디와 비밀번호를 만들어야 하고 기억해 둬야 한다. 비밀번호 때문에 못 산다.

고육지책으로 비밀번호를 같은 것으로 만들어도 좀 지나면 정보가 유출될 위험이 있으니 바꾸라는 문자를 받고 바꾸게 된다. 이때부터 사달이 난다. 이거였던가 저거였던가 헷갈리기 시작한다. 비밀번호 찾기가 친절하게도 마련되어 있지만, 본인인증을 하느라 짜증 나기는 마찬가지다.

아날로그 시대가 그립다. 어찌 나만의 향수일까.

새벽 운동을 나가는데 6층에서 엘리베이터가 멈췄다.
"아저씨! 올해가 몇 년도입니까?"
혀가 꼬부라진 소리에 "2022년요" 하고 얼떨결에 대답했다. 현관 비밀번호였던지 더듬더듬 눌러대는데 술 냄새에 취할 뻔했다.

비밀번호 때문에 얼마나 많은 고통을 받았으면 '2022'로 했을까. 그 사람만의 고통이 아니다. 식구들의 생일 날짜도 해보고 역순으로도 해보지만 바꾸면 바꿀수록 이전 것과 혼란이 온다. 현관에는 현관문에 써 붙이고 통장에는 통장 겉장에 써 붙이고 싶은 마음이 간절하다.

어느 지인이 외출했다가 돌아오니까 고3짜리가 '엄마, 열쇠는 대문

위에 있습니다'라고 대문에 쪽지를 붙여놓고 나갔더라는 이야기를 두고두고 잊지 못한다.

44

삼랑진행 유정열차

어제 같은 오늘을 매일같이 반복하다 보면 때로는 지겹도록 하루가 지루하여 삶의 의욕도 의미도 희끄무레해진다. 이건 아니다 싶어 변화를 주려고 해도 딱히 끌리는 것이 없다. 어쩌다 뜬금없이, 골프? 무소득이 용납하지 않고, 발길 닿는 대로? 반기는 사람이 없고, 모여서 밥이나 먹어? 어쩌다 한두 번이고, 파크 골프? 백수가 몸살 한다고 때와 장소에 얽매여서 못 하고, 주거니 받거니 술이나 마셔? 입는 품도 줄었고 먹는 양도 줄어서 '아! 옛날이여!'다.

젊은이들이야 하루해가 짧다. 날마다 같은 일이 반복되어도 만남과 만남의 연속에서, 열정과 의욕으로 끓는 피도 주체 못 해 나부대느라 시간 가는 줄 모른다. 하지만 노인들의 하루해는 지독하게 굼뜨다. 젊은이의 하루해는 빨리 가고 세월은 더디 가고, 노인의 하루해는 더디 가고 세월이 빨리 간다. 그래서 노인들은 온갖 소일거리를 찾아봐도 어제 같은 오늘이라서 내일을 미리 알고 지레 외롭다.

여자들이야 둘이 만나도 수다라는 재능이 발동하는데, 단물 빠진 남정네야 그런 재주도 없어 삭정이처럼 뻣뻣하기만 하여 첫 모임이

끝모임이니 속절없이 독야청청하든지 독수공방하든지 양자택일밖에 방법이 없다.

고맙게도 서로가 막 대해도 삐치지 않는 40년 지기가 있어 외롭지 않으려고 전화를 걸었다.
"내일 9시 40분에 간편 복장으로 집 앞으로 나와라."
"어디 갈 건데?"
"어디 가면 뭐할 건데, 나오기나 해."
"성질머리하고는."
다음날 그를 태워 진주역 주차장에 차를 대 놓고 역사로 들어갔다. 백수 9단이 눈치 9단과 만났으니 서로가 말은 별로 필요 없다. 삼랑진발 진주행이 1시 52분임을 확인하고 10시 16분 출발 삼랑진행 표 두 장을 달랬다. 신분증 안 보고도 경로 할인으로 두 사람 7,600원만 내시라니 고맙다. 그런데 좌석이 세 자리밖에 없고 그것도 앞뒤로 따로란다. 나란히 앉든지 마주 보고 앉아야 눈빛 대화라도 나누며 지나가는 전신주도 세어보고 플랫폼의 옛 풍경도 더듬을 것인데 낭패다 싶은데 생소한 분위기가 눈길을 빼앗는다.

줄지어서 개찰구 앞에 서면 일일이 딸깍! 하고 차표에 구멍을 뚫던 하얀 장갑의 역무원도 없고 가난과 고난의 보퉁이를 둥둥산 같이 이고 진 사람과는 너무도 판이한 차림새의 사람들이 승강기를 두고 계단 옆의 에스컬레이터를 타고 지하 통로로 내려간다.

진주역이 주약동에서 개양으로 옮겨 와 생소하지만, 옛날, 서울 오르내리던 관록에다 60년대 통학하는 친구 집에 오갔던 경력이 있어 낯가림하지 않고 지하 통로를 빠져나와 승강기를 탔는데 딴 세상의 플랫폼이다.

멀리서 위-익! 하는 기적을 올리며 석탄 연기에 시꺼멓게 그을린 기차가 칙칙폭폭 소리 내며 올 것만 같은데 깔끔하게 색깔 짙은 열차가 소리 없이 멈춘다. 기관실 차창 밖으로 상반신을 내밀어 통표를 전달하려는 기관사도, 이를 전달받으려는 청홍색의 수기를 말아 쥔 역무원도 없다. 세월에 홀린 채 무궁화호 열차에 올랐다. 예전에는 긴 의자가 서로 마주 보게 배열됐었는데 진행 방향으로 둘씩이었다. 지정 좌석 앞에서 머뭇거리는 우리를 보고, 앉은 손님이 눈치를 채고 얼른 자리를 바꿔줘서 고맙다며 꾸벅했다.

기적소리도 없이 "열차가 출발합니다" 하는 안내방송이 나온다. 산 돌고 들 돌아서 굽이굽이 돌고 돌던 그 길이 아니다. 하늘이 번쩍 열리는가 싶으면 순식간에 터널이다. 행여나 했던 간이역은 흔적조차 없고 보내고 그리워서 목을 빼고 하늘거리던 코스모스도 어디에도 없다. 얼핏얼핏 스쳐 가는 초가을 풍광이 속절없는 세월이다. 그래도 소매 끝동에 금테를 두른 차장이 차표 검사를 하러 연방이라도 올 것 같아 기다렸다.

"계란이 왔습니다. 오징어 땅콩이오."
열차 판매원인 갱생원의 컬컬하게 목쉰 소리가 다가오면 잽싸게 그의 눈을 피해 비좁은 통로를 숨어다니며 "아이스 께에끼이" 하고 모깃소리를 내던 앳된 소년이며, "구두 닦슈" 하고 얼굴이 새까만 구두닦이 소년이랑, 틈새만 비집고 다니던 쓰리꾼(소매치기)은 지금은 어느 세월의 열차에 몸을 실었을까.

흥부도 울고 가게 가난을 끼고 살며 설움을 달고 살던 그때 그 사람들, 지금은 어디만큼 가고 있을까?

돌아보고 돌아보며 그들이 흘린 눈물이 씨앗 되어, 오곡백과 산해진미 철도 없이 넘쳐나서 먹다 남긴 음식물이 처리조차 난감한데, 섧다 섧다 보릿고개 범보다도 무섭다며 날 넘겨달라고 그토록 소원했던 아리랑 열두 고개를 몇 고개나 넘었을까. 허기진 허리춤이 흘러내려 멀리 가지는 못했을 것 같은데 KTX면 따라잡을 수 있을까. 뜨겁게 끌어안고 원 없이 울고 싶다. 그렇게 보내서는 안 될 그 사람들, 이제야 목이 메게 서럽게도 그립다.

세월의 열차는 환승역도 없는데 삼랑진역은 갈아타는 역이라서 배웅하는 사람도 없고 마중 나온 사람도 없다.

떠나는 사람만 섧게 울던 삼랑진!

눈물 젖은 플랫폼!

기적도 서러워서 목이 메던 삼랑진!

무정한 밤차도 울며 떠난 삼랑진!

진주발 부산행 열차에서 내린 이들이 부산발 서울행 열차로 갈아타느냐 마느냐로 가슴을 쥐어뜯던 삼랑진역 플랫폼!

찌든 가난이 몸서리쳐져서 청운의 뜻을 품고 가는 이야 간다지만,

두고 온 고향산천 부모 형제 돌아보여 차마 경부선에 오르지 못한 사람, 정든 사람 못 버려서 눈물이 앞을 가려 돌아선 그 사람들, 지금은 어느 하늘 아래서 옛정을 나누고 있을까.

   그의 손이 따뜻한 온기로 전해 오는데 귀를 깨운다.

   "잠시 후 본 열차는 삼랑진역에 도착합니다."

45

새로운 도전의 용기

하던 일이 잘못 되거나 바라던 일이 허사로 돌아가면 헤어나려고 무진 애를 쓴다. 실의에 빠지거나 좌절하지 않고 일어서려는 본능적인 용기다.

헤어나려는 용기가 없으면 자포자기하고 방황하며 해서는 안 될 행동까지 하는가 하면 심신의 피폐로 아예 칩거해 버리거나 은둔하는 경우가 더러 있다. 이는 재기하려는 의욕 상실로서 대안·대책의 모색조차 포기해 버린 것이다.

분명 용기가 없어서다. 그러나 용기라는 것이 쉽게 솟는 것은 아니다. 기댈 데가 있어야 등을 비빈다고 했듯이 실낱같은 희망이 있든지, 하다못해 하소연이라도 들어줄 상대가 있어야 한다.

누군가가 손을 내밀어 주던지 하다못해 용기를 북돋아 줘야 하는데 그도 저도 없으면 기댈 데도 바랄 데도 없어 믿을 곳은 자신밖에 없다.

자포자기한 상태에서 자기 자신을 구제한다는 것은 참으로 어려운 일이다. 오로지 스스로 깨달음이 있어야 한다. 자신에 대한 의식이 깨어나야 용기를 찾을 수 있다.

책임과 의무에 대한 의식과 인간의 도리에 대한 인식과 깨달음이다. 가까이에서부터 보이는 곳까지, 그리고 들리는 곳까지가 자기의 영역임을 인식하고 스스로 존엄과 존재의 가치를 회복해야 한다. 여기서 자기의 눈높이에서가 아니라 주변의 인식과 의식의 수준 평가를 냉철하게 해야 한다.

누울 자리 보고 다리를 뻗으라고 한 것과 오르지 못할 나무는 쳐다보지 말라고 한 까닭이다. 수위를 낮추든 높이든 궤도 수정을 하든 적정치를 찾아야 하고 아니면 아예 방향을 바꾸든지 하여, 현재 좌표가 변곡점임을 인식해야만 앞이 보이기 시작하고 작은 용기나마 움트기 시작한다. 여기까지가 참으로 어렵고 힘든 과정이다.

흔히, "하늘이 무너져도 솟아날 구멍이 있다"느니, "하면 된다"느니 하지만 당사자가 아니기에 하기 쉬운 말일 뿐이고, 힘내라든지 칠전팔기라는 말도 듣기 좋은 소리로 쉽게 말하지만, 절망의 늪에 빠진 사람에게는 도움이 되지 않는 귀 밖의 소리에 불과하다. 오로지 재기든 새로운 도전이든 자신의 용기만이 절대적으로 필요하다. 독자생존, 홀로서기만 있을 뿐이다.

절박한 상황에 닥쳐도 남의 사정을 속속들이 알 수도 없지만 알려고도 하지 않는 세상인데 실질적인 도움을 받기란 참으로 어렵다. 자세히 들여다보면 서로가 겨누고 벼루며 서로가 버티기를 하고 있어 자기 몫을 챙기기는 쉽지 않다. 틈새 공약은 길 찾기도 어렵거니와 위험부담이 많으며, 빤히 보이는 것은 경쟁이 치열하여 언제나 다툼이 있어 홀로서기란 참으로 힘든 세상이다.

　무력하여 억울하고 경쟁하면 상처받고 버티려고 나부대면 모서리가 깨어지고 참으면 손해 보고 바둥대면 짓밟히고 온갖 풍상에 시달려서 심성도 독해지고 세월에 모가 닳아 인성도 모질어져 세상살이가 갈수록 험난하고 힘들어진다. 온갖 풍상 모진 세파는 덜 가지고 덜 갖춘 사람이 감당해야 할 멍에이자 몫이다.

　백지장도 맞들면 낫다고 했는데 세상인심은 되는 쪽은 도와줘도 안 되는 쪽은 도와주지 않는다. 안 되는 쪽을 도와주는 것이 논리적으로 맞지만 재기나 성공의 확률이 낮아 밑 빠진 독에 물 붓기일 수도 있겠으나 무엇보다도 실익의 유무를 따지며 은근히 또는 당연히 도움의 대가를 기대하고 있기 때문이다.

　도움이란, 수렁의 늪에서 건져주거나 적든 작든 힘이 되라고 보태는 것이어야 하는데 이 얼마나 이율배반적인 현실의 모순인가.

　세상에는 공짜가 없다고 했듯이 무엇인가를 해야 하고 무엇인가가 있어야만 한다는 것이다. 그러고 보면 모든 것이 거래고 계약이다. 따르는 대가가 있어야 관계가 성립된다. 목적은 실리다.

　예배당에서는 창조주를 침이 마르도록 찬양하던 과학 선생이 학생들 앞에서는 다윈의 진화론을 열심히 설명해야 먹고 산다. 실익과 실리 앞에 무릎을 꿇어야 하는 양심의 현주소다. 테레사 수녀가 임종을 앞두고 평생을 주님의 울타리 안에서 살아왔는데 그분의 목소리를 한 번도 들은 적은 없다고 한 것이나, 종교와도 관계없이 만인으로부터 존경받던 김수환 추기경도 어느 대학 강의에서 천당이 있고 부활이 있느냐는 학생의 질문에 나도 모른다고 대답한 사실을 어떻게 설명해야 하나. 나의 존재를 지키려는 수단이었을까, 너를 구원하려는 또 다른 방법이었을까. 숭고한 신앙 앞에 현실이 무작하게 칼을 들이대는 세상이 오늘의 현실이다.

현실이 인심을 야박하게 만들고 영특한 사람을 영악하게 만들었다. 사람이 만든 현실이다. 조금만 받쳐주면 넘을 수 있는데도 현실은 외면하고 돌아선다. 그에게는 미미한 존재이지만 구하는 사람에게는 절실한 것이라도 선뜻 내놓지 않는다.

절박한 처지에 있는 진정한 도움은 대가를 염두에 두어서는 안 되는 것이지만 오로지 승자만의 세상이고 보니 실익을 차지할 보상심리가 앞서있다. 소득 없는 일은 하지 않겠다는 영악한 심리 현상이다. 세상이 그렇게 만들었다지만 세상사는 사람이 만들었고 지금도 그렇게 만들고 있다. 악화가 양화를 구축한다는 그레샴의 법칙과도 같이 위선이 선을 잠식한 세상이다.

일면식도 없지만, 이유 없는 억울한 죽음이 안타까워 꽃 한 송이를 사서 나오던 젊은이가 어깨가 부닥친 노인에게 눈 똑바로 뜨고 다니라고 쏘아붙인 언행을 무엇으로 설명할 것이며 망자의 명복을 빈다며 상주 앞에서 코 한번 훌쩍거리고 눈도장을 찍으며 낯내기를 하는 조문을 어떻게 설명해야 옳은가를 현실이 대변한다.

지금까지도 사람마다 양심이라는 지주목이 있어 버텨내며 그러려니 하며 있는 속 없는 속 다 비우고도 돌아서는데도 정작, 다시 서운해지는 까닭은 무엇일까. 밤마다 잠들기 전이면 한낮에 주눅이 들었던 양심이 살아나서 오금을 박는다.

왜 그렇게밖에 못했느냐. 속절없이 피의자 신분이 되어 시달림을 받지만, 날만 새면 현실을 끼고 살아야 한다. 어찌 '나'일 뿐이겠냐. 실익을 위해 양심을 외면하고 실리를 취하려고 자존심마저 팽개치는 세상이다. 탐욕에 물들어 실의의 유혹에 빠지면 양심도 작동하지 않는다. 자가 진단 능력도 없어진다. 현실 속의 수많은 오류에서 터득한 축적된 경험으로 충분히 익숙해져 버린 세상이다.

남을 의식하는 세상도 아니다. 외면하는 것도 아니고 방관하는 것도 아닌 무관심이다. 이익만을 추구하는 관계인의 세상이다. 도움받기를 기대하는 것은 실낱같은 용기마저 꺾는다. 홀로서기가 아니면 달리 방법이 없다. 홀로서야겠다는 의지가 우선이다. 실낱같은 희망이 보여야 용기가 난다지만 포기냐 재기냐 양자택일밖에 없는 현실로서 선택권은 본인만이 갖고 있다.

포기하면 끝이다. 포기하기에 앞서 지난 세월의 노력이 오늘의 결과라는 것을 가감 없이 인식하고 원점에서 출발해도 또 다른 닿는 곳이 있을 것이라는 믿음을 가져야 한다. 일어선 사람들은 넘어졌던 사람들이다. 용기는 남이 주는 것이 아니라 스스로 불러일으키는 것이다. 용기의 발원지가 나(我)이며 우주의 중심점이 나(我)라는 것을 인식해야 한다.

46

새봄이 오는 길목

매화꽃 향기가 창문 밖에다 새봄을 풀어놓았다. 흙냄새와 풀냄새가 매향에 섞어 야릇한 향기로 안섶 속으로 스며든다.

시절이 수상하여 오지랖에 빗장을 걸어 굳게 닫았던 가슴을 연다. 얼음장 밑에서 숨죽이고 웅크렸던 개울물이 카랑카랑한 제소리를 내며 버들강아지의 가지를 흔들어 절망에 몸 사리고 잠들어 버렸던 개구리들을 깨웠다. 설한풍에 얼어서 굳어버린 눈까풀이 녹으며 빛이 보이고 하늘이 보인다. 온갖 이명에 시달려 먹어버렸던 귀가 열리며 산새 들새가 재잘거리는 소리가 들리고 온갖 꽃망울이 터지는 소리가 환호성으로 들린다. 양지쪽에는 새싹 돋는 소리가 들리고 음지에서도 얼어붙었던 땅은 등이 갈라지는 소리가 들린다.

못다 핀 동백꽃이 송이송이 떨어지던 날의 눈물 자국을 지우고 칼바람에 맞서며 새 송이를 피워내던 날의 환희를 기억해 낸다.

깨어진 꿈의 조각들이 더는 서럽지 않으려고 다시 시작하려는 숨 고르기로 아픈 기억들을 털어내며 후회 없을 내일을 향해 이상의 깃대 끝에 새 깃발을 높이 걸었다.

몽당빗자루가 봄볕이 한가득 내려앉을 마당을 말끔하게 쓸어놓고, 손때묻은 호미는 화단에서 봄꽃 피울 준비에 바쁘고, 녹이 슨 괭이도 새 씨앗을 뿌릴 이랑을 지으려고 꿈틀거린다. 따돌림받던 쭉정이도 보드라운 흙을 덮고 속닥거리고 말발굽에 짓밟힌 씨앗도 더는 비참해지지 말자며 양지쪽으로 몸을 돌린다.

가슴의 온기로 움튼 씨앗은 들끓는 열정으로 잎을 키워서 땀을 적시며 꽃으로 피어나기를 소망하고 있다.

이제는 솔기마다 찌든 때를 씻어내고 드넓은 광야를 바라보며 가슴을 헹궈야 할 봄이 오고 있다. 솔방울 속을 뒤적거리던 산새들도 날갯짓이 바쁘고 까치는 새 둥지를 지을 삭정이를 물고 치맛자락을 휘날리며 봄바람이 났다. 어둠과 맞섰던 햇닭이 홰를 치며 여명을 걷어내고 목청껏 새벽을 불러낸다. 눈보라에 부대껴 흔적을 감추었던 다람쥐도 바윗돌의 정수리에서 꼬리를 쫑긋거리며 신바람이 났다. 딱따구리 소리에 기가 죽어 소리 한 번 내지르지 못하던 곤줄박이는 새봄 소식을 전하느라고 건너편 산으로 바쁘게 날아가고 배를 곯았던 뱁새들이 매화꽃이 피었다고 덤불 속마다 소문내고 다니느라 날갯죽지가 뻐근하다.

천지를 모르는 송아지는 겁도 없이 허공을 향하여 뒷발질만 해대지만, 바지런한 벌들은 매향을 나르느라 동분서주하고 오만에 등 돌리고 석벽에 굳어버린 돌부처가 새봄이 오는 길목을 향해 손짓한다. 가슴을 활짝 펴도 좋을 봄이 오는 길목에서 하늘을 한가득 가슴으로 품는다.

47
새해에 비는 소원

 탈 많은 한 해여서 힘들었고, 말 많은 한 해여서 버거웠다. 70여 년 헌정사에 유례없는 30대 중반이 제1야당 당 대표로 선출되었고, 검찰총장으로 임명장을 받고 임명권자인 대통령에게 반기를 들고 사퇴하여 제1야당 차기 대통령 후보로 선출되었다. 경제부총리가 그랬고 감사원장이 그랬다. 집권당 후보도 현 정권과 선을 긋고 나섰다. 난세다. 난세에 영웅 난다고 했으니 제발 새해는 영웅 같은 지도자가 선택되기를 간절하게 바란다.

 코로나19와의 사투에서 우리가 졌다. 백신으로의 방어에도 돌파당하고 변종 오미크론의 역습을 받았다. 사회적 거리 두기에 잠시 멈칫했을 뿐 곳곳에서 억장 무너지는 소리가 들불같이 번진다.
 간절한 소원을 천지신명께 빌어본다.

 지쳐가는 의료진들에게 더한 힘을 주시고 종사자들에게도 활력을 주시고, 작은 오판이나 오류에도 피눈물을 흘려야 하는 소시민들을 위해 정부가 시행착오 없도록 선견지명을 주시고, 코로나19를 끼고 살 생각은 추호도 없으니 한 방에 끝낼 수 있는 새로운 백신이 나오게 해주시고, '꼴깍'하고 한 번만 삼키면 완쾌되는 치료 약이 나오게 해주시고, 백신도 치료 약도 제발 뒤끝이 아무 탈 없게 해주십시오.

거리마다 '점포세'라는 딱지가 아닌 '종업원 구함'이라는 딱지가 붙게 해주시고, 임대인의 달력은 더디 넘어가고 세입자의 달력은 빨리 넘어갔는데 새해부터는 뒤바뀐 속도로 넘어가기를 빕니다.
아래위층에서 개 짖는 소리가 아닌 아기 울음소리가 들리게 해주시고, 소공원에도 개가 아닌 아이들이 많이 뛰놀게 해주시고, 유모차마다 개가 아닌 아기가 천사 같은 얼굴을 내밀게 해주십시오.

정치인이나 고위직 인사들이 늘 서왔던 수사관청의 포토라인이 없어지고 연구소의 연구원이나 개발자들이 신소재나 신제품이나 신기술을 발표하는 근무자의 포토라인이 많이 생겨나게 해주시고, 구치소는 언제나 썰렁하고 공연장이나 전시장은 언제나 빼곡하게 해주십시오.

어린이 사생대회 그림에서 하늘이 회색이 아니고 강물은 검정이 아닌 파란색으로 칠하게 해주시고, 수도꼭지에 입대고 물 마시게 해주시고, 개울에서 멱 감고 송사리 잡게 해주십시오.
소방차도 구급차도 사이렌 울릴 일이 없게 해주시고, 시장 골목이 인파로 넘쳐나게 해주시고, 제발 앞선 사람과 뒷선 사람의 거리를 좁혀주시고, 구직광고보다 구인광고가 더 빼곡하게 해주시고, 젊은이들이 이력서를 거듭 쓰지 않게 해주십시오.

내년에는 이와 같은 소원은 빌지 않기를 간절하게 비옵니다.

48
선생님들의 수난사

선생님의 은혜에 조금이나마 보답하자며 '스승의 날'을 제정하여 법정기념일로 삼고 스승의 가슴에 빨간 카네이션을 달아주었다. 우리 애들이 모은 용돈으로 담배나 손수건 또는 스타킹을 선물했다. 그러다 점차 어머니들이 나서서 서로가 더 좋은 선물을 한다는 것이 해가 갈수록 변질하며 값비싼 고가품들로 바뀌었고 나아가 보다 손쉽고 가벼운 현금의 촌지가 성행하면서 그 두께가 날로 두툼해졌다.

감사의 선물이 잘 봐달라는 뇌물로 변질하면서 늘 푸른 소나무는 가만히 있고 싶으나 걷잡을 수 없는 치맛바람에 휘둘려야 했다. 그래서 바람 중에 제일 무서운 바람이 치맛바람이라는 유행어가 생겨났다. 치맛바람은 선생님들을 아동 교육의 절대 권력자의 전성시대처럼 만들었다.

날이 갈수록 치맛바람의 심각성이 사회적 문제가 되어 한동안 스승의 날을 폐지했다가 다시 살려서 선물의 한도를 정하기도 했으나 별다른 효과가 없어서 급기야 스승의 날은 이런저런 이유로 학생들을 학교에도 못 나오게 했다. 고종의 서원 훼철 이후 우리 교육계의 최대 참극이었다. 어딘가가 잘못되어서 전국에서 모여든 선생님들이 팻말을 들고 서울 거리의 아스팔트 바닥에 퍼질러 앉아 절규한다.

그림자도 밟지 않는다는 스승에 대한 존경심은 어디에도 없고 공경은커녕 존중조차 하지 않는 세상이 되었다.
"우리 애는 별로 가르칠 것 없어요. 기나 죽이지 말랬는데 왜 애들 앞에 망신을 줘?"
치맛바람이 반대 방향에서 휘몰아친다. 법으로는 고쳐질 수 없는 화근이다.
"우리 애는 학원에서 댜 배웠다고요. 왜 망신 줘? 학생 인권도 몰라?"
억장 무너지는 소리에 교단이 무너지고 있다. 제 자식을 가르치는 선생님께 이 무슨 경우인가? 처방 약은 병마다 다르고 같은 병이라도 경중에 따라서도 그 처방도 달라진다. 아이들은 제각각이다.

'우리 애 그딴 것 다 알아요. 기죽이지 말라고요'라는 것과 '학원에서 배웠다고 건방 떠는지 몰라요. 인성교육 호되게 해주세요'에서 어느 쪽이 금쪽같은 내 새끼를 위하는 걸까?
아이에겐 책을 싼 보따리를 들리고 엄마는 회초리를 싼 보따리를 들고 아이 손을 잡고 서당으로 들어가던 그날의 뒷모습이 눈에 선하다. 꽃으로도 때리지 말라 한 뜻을 선생님이 먼저 알고 있다. '스승의 회초리 길이만큼 아이가 큰다'라고 했다.

세정 패설(世情悖說)

　여당이든 야당이든 국민의 정당으로 상호 견제하면서 정책 경쟁하라고 정당정치 하랬더니, 사사건건 시시비비 물고 뜯고 적이 되어 내 쪽이면 애국자고 저쪽이면 역적이니, 죽기 살기 트집 잡아 하늘 아래 함께 못 살 철천지원수같이 서로가 못 죽여서 피 말리며 안달인데, 국민은 대책 없이 지겹고 신물 나서 죽이 끓든 밥이 끓든 먼눈팔고 무상무념 속절없는 인사불성, 그래도 저마다 먹고 살 만은 하니까 제 잘난 줄 착각하고 사방천지 들쑤시며 우쭐우쭐 껍죽대니, 주제도 모르면서 자만심만 가득하니 천상천하 유아독존 독존지심 안하무인, 몰상식이 어떤 건지 천지도 모르니 등신이 씨가 있나 모르면 등신인데, 차라리 없는 듯이 코 처박고 있는 것이 국가에 충성이고 국민께는 도움이니 나서지만 않아도 그럭저럭 살겠는데, 이마에 신짝 붙이고 여기저기 집적대며 곳곳마다 평지풍파 세상만사 헝클어서 갈수록 첩첩산중, 정작으로 앞장서서 나랏일에 헌신하고 국민께 봉사해야 할 품격 갖춘 샌님들은 옳든 말든 묵묵부답, 모가 나면 정 맞을까 자라목을 움츠리고 죽은 듯이 납작하게 배 붙이고 엎드려서 조삼모사 재주부려 실속만 챙기는데, 누군들 나서서 이게 옳다 저게 맞다 그른 것은 그르다고 말할 사람 하나 없고, 옳은 일 옳은 말에 옳다고 동조하며 응원하는 사람조차 눈을 닦고 찾아봐도 어디에도 없으니 떼로 뭉친 이익집단 갈수록 기세등등, 여의도 선량들은 아닌 줄 알면서도 아니다 했다가는 집단 세력 그 표마저 잃는 것이 뻔한데, 제아무리 지조 지켜 옳은 것은 옳다 하고 맞는 것은 맞다 해도 응원조차 안 하는데 괜스레 낭패 보는 제 죽을 짓 왜 할 거며, 역지사지 당신들이 내 입장이 된다면 그리 밖에 못 할 것을 무능하다 비겁하다 욕할 처지 아니면서, 그 나물에 그 밥이니 욕만 실컷 하지 말고 옳은 소리 하거들랑 제발 좀 나서서 힘 모아서 응원하고, 열화같이 성원하여 정의심에 깎아 먹힌 그 표라도 보태주면, 속 앓던 선량들은 신념대로 철학대로 초심을 잃지 않고 한결같이 앞장서서 보국위민 헌신하고 국태민안 봉사하며 소신껏 일할 텐데, 국민은 네 편 내 편 속도 없는 빈 강정에 구워놓은 고기이고 그도 저도 아니면 색즉시공 공즉시색 영락없는 무상무념 인사불성 대책 없고, 소속한 당에서 바른 소리 했다간 낙향하는 지름길인 낙천이고 낙선인데 섶을 지고 불로 가는 괜한 짓을 왜 할 거며 입 다물고 있는 것이 공천 따는 상책인데, 옳은 길이 아닌 줄은 누군들 모르련만 당에서 쫓겨나도 유권자만 밀어주면 죽기 살기로 하겠건만 무소속은 볼 것 없이 속절없는 낙선이니 지조도 소용없고 신념도 무용지물, 국민 수준 맞춰야지 제 죽을 짓 왜 하겠소.

50

소모성 논쟁

영부인 앞에 명품 가방이 부처님 손바닥에 놓인 동전 한 닢보다 가치가 없는 것 아닌가?

영부인이면 됐지 뭐가 더 필요한가? 품위 말고는 더 가질 것이 없다. 명품이 무슨 소용인가? 어쩌다 명품이라는 가방을 받게 되어서 국민의 입질에 오르내리고 정치인들의 논쟁에 휘말려 모두를 힘들게 하게 된 걸까? 꽃다발이었으면 좋았을 것을 명품을 받은 것은 잘못이고, 김건희 여사의 사무실까지 찾아가서 가방을 선물한 재미교포 목사에게 더 큰 문제가 있다.

손목시계용 몰래카메라로 동영상을 촬영하여 언론에 공개한 것은 묵과할 수 없는 사건이다. 몰래카메라로 녹화까지 할 때는 그만이 아는 흉계가 있어서 사전에 치밀하게 계획한 것이고 녹화 영상자료를 언론에 공개한 것은 세상에 알려 폭로를 한 것이다. 따라서 목사 최씨의 계략이 뭐였는지가 철저히 밝혀져야 한다.

이제 막 영부인 자리에 오른 김건희 여사가 선물이 아닌 뇌물이었다면 과연 받았을까. 사건 전모가 사실이 아니길 바라지만 뇌물공여의 범법행위라면 사법부가 할 일이지 정치권에서 다룰 일이 아니다.

　대통령실도 방어적 자세는 취할 일이 아니고 야당도 이를 물고 늘어질 일이 아니다. 뇌물수수의 범법행위는 사법부의 판단에 맡겨두고 진행 과정을 지켜보다가 '이건 아니다'라고 판단될 때 국회의 권한을 발휘할 일이다. 사법부의 법적 과정을 우선은 지켜볼 사안이지 국회가 나서서 왈가왈부하는 것은 소모성 정쟁이다. 그리고, 사법적 문제를 왜 국회가 앞서서 정쟁으로 몰고 가나?

　명쾌한 답을 어디서 내놔야 할 것인지 국민은 알고 있다. 정치권이 앞장서서 사사건건 나서면 사법권의 침해다. 잘잘못을 지켜보고 절차에 따라 다음으로 진행하는 것이 법치국가의 법질서다.

　여야는 사사건건 범죄행위의 의혹을 내놓으며 날만 새면 서로를 물고 씹는다. 국회는 국회가 할 책무가 따로 있다. 민주당 이재명 대표의 법적 문제도 국회는 지켜보는 것이 맞다. 이재명 대표에 대한 수사도 수년간을 캐고 파도 제대로 찾아낸 것이 없으면 당초에 위법 사실이 없었든지 아니면 사법부의 무능인지 직무유기인지 국회는 나중에 따질 일이다.

　영부인 김건희 여사의 명품 가방 논쟁도 끝내야 하고 이재명 대표에 대한 양파 까기식의 정쟁도 끝을 내야 한다.

　얻는 것보다 잃는 것이 많다면 멈출 줄도 알아야 한다. 국력 낭비다. 국회가 정쟁으로 끌고갈 사안들이 아니다. 국회는 국회를 하는 것이 본연의 책무다.

51

송년회고

세상사 시빗거리를 만들자면 어느 것 하나 안 될 것이 없을 것이다. 이쪽이라면 저쪽이 있어 언제나 양면성으로 맞설 것이지만 '그럴 수 있지' 아니면 '그러려니' 하고 인정하거나 용인함으로써 무난하게 넘긴다. 그러나 두루뭉술하게 맺고 끊음이 없어 덜 꺼진 불씨가 후환을 불러올까 염려되는 반면에 옥석을 가리며 옳고 그름을 따지면 매정하다고 할 것이다.

산을 넘자니 범이 무섭고 강을 건너자니 물이 무서워 망설이게 되는 것이 우리의 처신이다. 그래도 모두가 용하게 살고 있다. 여기에는 '나와 너 그리고 우리'라는 구조체계가 사회공동체로 맞물려 있어서다. 그 틈새에 있는 '나'라는 것은 어떤 존재로 무슨 역할을 하고 있을까.

성찰의 여유를 잊고 살다가 해가 바뀌는 어우름이면 한 해를 돌아보게 된다. 이럴 때는 외진 곳에 돌아앉아 없는 듯이 고즈넉한 산사의 들머릿길이 호젓한 게 좋아 낯익은 산길을 걷게 한다.

지난날의 온갖 생각들이 벌떼처럼 달려들고 노송의 가지 끝을 흔들던 바람이 머릿속을 휘젓는다. 번뇌일까. 심란해진 마음을 다잡으려고 바윗돌에 걸터앉았다.

지나온 날들이 소름 돋치게 아슬아슬하다. 딴에는 나부대며 바둥거렸지만, 탐나는 것에만 눈길을 주고 솔깃한 소리에만 귀를 기울이며 뜬구름 잡듯 한 허송세월이었는데 혹독한 대가를 치르지 않은 것이 팔자일까 행운일까?

오르지 못할 벼랑을 빈손으로 타오르며 실족하지 않은 것을 다행으로 삼으며 구물구물 지는 해를 붙잡고 그저 고마워한다.

더는 서글퍼지지 않으려고 '이만하면 족하지!' 하고 나를 달랠 때가 가족에게 제일 미안하다. 변명이라고 할지 몰라도 세상은 과정은 무시되고 언제나 결과로만 평가된다. 건너뛰기에 익숙해져서 오지랖이 식어가는 것을 모르고 산다. 알고 보면 내가 앉은 이 바윗돌도 하늘에서 뚝! 하고 떨어진 것이 아니다. 고단한 사람이 있을 줄 알고 누군가가 힘들여 옮겨놓은 것이다. 비 오는 날, 바람 부는 날, 눈보라가 치던 날이었는지도 모르고 나는 그냥 내 편안하게만 앉았다.

탁발승이 걸머진 업보의 바랑을 내려놓던 쉼터일까, 공양미를 이고 가던 아낙이 잠시 허리를 펴던 바위일까, 과정도 사연도 깡그리 무시하고 오늘의 나는 서슬 시퍼런 현실을 깔고 오뚝하게 앉았다.

우리는 무엇에 쫓기고 있어 과정은 무시하고 결과에만 목을 매는가? 과정을 거치지 않은 결과는 없다. 바라보면 헷갈리고 마주치면 부대끼다 지나고 나면 후회뿐인 지난날들을 탈 없이 보낸 오늘이 그저 고맙다.

52
신년의 다짐

신년 인사 문자가 바쁘게 오간다. 한 해 동안 고마웠다는 인사를 제일 많이 받고 뭐라고 답을 해야 하나 일일이 망설였다. '고마웠다' 라는 인사를 받을 때마다 부끄럽다. 기억하고 있는 것만으로도 고마운 일이고 더러는 답을 주는 것만으로 감사할 일이다.

잊지 않고 있어 새해 인사를 보내오는 것이고 미워하지 않아서 답을 보내온다고 생각하면 고맙고도 겸연쩍다. 해가 바뀔 때마다 덕담을 나누면서 과연 나는 누구이며 상대에게 나는 어떤 사람일까를 먼저 생각한다.

영악하다는 소리는 안 들은 것 같은데 몹쓸 사람은 아닌지 아니면 나이 든 사람이 경망스럽게 보이지는 않는지가 제일 신경이 쓰인다. 설 자리 앉을 자리와 할 말과 안 할 말은 철저하게 가리자며 수시로 마음을 다잡지만 내 나름일 수도 있고 사람마다 평가의 기준이 다르다는 것을 염두에 두지 않을 수 없어서다.

젊은 날에, 보통 이상으로 나설 만큼 나섰기 때문에 미련도 집착도 없어 예순을 넘기며 모질게 다짐한 것이 성현들이 남긴 유훈을 따오거나 혹은 사자성어를 인용하여 신년 화두로 삼았으나 언제나 공염불로 끝이 나서 일흔을 넘기고부터 아예 말부터 쉬운 '나잇값 하자'로 화두를 바꿨다.

절제니 겸양이니 하는 깊은 뜻도 염두에 두지 말고 그저 없는 듯이 있으며 무던하게 살자는 것이었다. 그래서인지 지난 한 해도 탈 없이 무난하게 넘긴 것 같다. 우쭐거리지도 말고 껍죽거리지도 말며 남에게 어떤 티를 내는 존재가 아니기를 노력했다.

이제는 경륜이 인정받는 시대도 끝났다. 역전시대(逆轉時代)다. 아날로그는 전설이 되었고 5G의 상용으로 가상현실을 실현하는 세대들이 아바타를 이용한 메타버스 시대를 맞았다. 이들 세대는 제자가 스승을 앞지르고 신입이 선임을 능가하여 기성세대의 축적된 기술이나 능력이 무력화되어 구세대가 신세대 앞에 내놓을 것이 없게 바뀌었다.

가상을 현실화하며 인공지능을 자유자재로 조종하는 신세대는 혼자서도 잘하니까 선배인 장년 세대까지 밀리는 상황에서 노년 세대가 나서거나 티를 낸다는 것은 부질없을 짓이다.

거역할 수 없는 변화와 변천에 의한 역전시대를 맞아 뒤에서 밀어주고 응원하며 나잇값을 해야겠다.

문명의 쾌속 질주에 거침없이 내달리는 젊은이들의 버팀목이 되기 위해 우쭐거리지도 말고 껍죽거리지도 말며 나잇값 하자며 신년 다짐을 한다.

53

신록의 계절 유월

연두색 잎의 빛깔이 어느새 푸르러 진녹색이 되었다.

산의 푸르름이 활기가 넘친다. 울창한 수림에서 묵직하게 위력이 솟는 것 같다. 검푸른 빛깔에서 무게감을 더한다. 능선과 골짜기를 구분 없이 뒤덮은 푸르름은 장엄하다. 주체할 수 없는 무한한 힘이 부글거리고 있어 연방이라도 무슨 일이 벌어질 것만 같다. 그래서 유월을 열정 넘치는 청춘의 계절이라고 했을까.

걷잡을 수 없는 힘이 사방에 그득하다. 돌팔매를 던져봤자 반응은 커녕 바윗돌을 굴려도 꿈쩍없이 삼킬 것 같다. 그 어떤 것도 소리 없이 삭혀버리고 흔적 없이 덮어버릴 것 같은 위력 앞에 그 무엇이 존재감을 내보일 수 있을까. 장엄한 무게감이 근엄하고 엄숙하다.

바람 소리가 쏴—아 하고 하늘을 치받아도 출렁거리지 않고 나뭇잎만 나풀거릴 뿐, 그저 육중하게 일렁일렁 느긋하고 굼뜬 자태로 품위를 지킨다. 외세에 대한 무관심일까 아니면 하찮은 변덕이라며 방관하는 것일까. 아닌 것 같다.

맺힌 설움이 있으면 원 없이 울어버리라고 뻐꾸기 소리에도 숨을 죽이고, 깝죽거리고 싶은 대로 마음껏 까불거리라고 산새 소리도 귀찮아하지 않는다. 기댈 곳이라고 그 어디에도 없고 구원의 손길도 내밀어 볼 만한 곳도 없이 믿을 것이라야 종긋한 두 귀밖에 없는 고라니에게는 짙푸른 은신처를 내어준다.

바람이 불어도 그러려니 하고 소나기가 퍼부어도 저러다 말겠지 한다. 그저 다독이고 품어주며 왕성한 자기 능력만을 마음껏 발휘한다.

설한풍에 할퀸 상처도 다독여 주고 밤이슬도 마다하지 않으며 들볶는 햇볕도 필요한 것만 취하여 청정한 공기를 내보내 준다. 뭐든 다독거리고 덮어주며 감싸준다. 위용을 위력으로 쓰지 않는다. 천둥소리가 요란해도 격노하지 않는다. 위력만큼 품도 넓다.

박복한 뱁새에게도 휴식처를 내주고 옹색한 오목눈이에게도 안식처를 내준다. 꾀꼬리 소리에 현혹되지 않고 까막까치 소리도 귀담아 들어 주고 개개비 소리도 귀찮아하지 않는다.

위세도 허세도 부리지 않는다. 가진 힘만큼 품을 넓히고 품의 너비만큼 온화하게 품는다.

우리의 힘은 어디에 닿으며 우리의 품은 얼마만큼 넓을까.

유월의 푸르름 앞에 당당하지도 못하고 신록의 싱그러움 앞에 떳떳하지 못한 것 같다. 힘은 제압의 수단이었고 품은 욕망의 딴 주머니였다.

유월의 푸르름, 그 신록의 품에 안겨 이제야 어제를 돌아보며 내일을 향한 준비를 새롭게 한다.

54
신춘 소회

동지(冬至)를 지나면 눈에 띄게 해가 길어지는 것을 느낄 수 있다.

누구나 습관적으로 몸에 밴 시각에 아침밥이나 저녁밥을 먹는 것이 얼추 같은 시각인데, 동지 전에는 저녁밥을 먹을 때면 불을 켰었는데, 며칠 새 불을 켜지 않아도 되는 것을 보면, 해 지는 시각이 늦어지는 것을 실감할 수 있다.

밤낮의 길이가 같은 추분에서부터 밤이 점차 길어져 동짓날의 밤이 제일 길어진 것은 실감하지 못해도 동지를 지나고부터 어둠살이 점점 더디게 오는 것은 실감할 수 있다. 그러나 밤이 짧아졌다는 것을 느끼기에는 아직도 밤이 길다.

황진이가, 춘풍 이불 아래 서리서리 넣었다가 정든 님 오시는 날 밤에 굽이굽이 펴려고 동짓달 기나긴 밤을 한 허리를 베어갔어도 남은 밤이 길기만 하다.

동지섣달 겨울밤은, 가면무도회장에서 껍죽거리는 나를 불러내고도 여유로운 긴 밤이다. 사방을 어둠으로 가리고 밤의 판관인 양심이 어김없이 찾아와서 나를 심문한다.

왜 그랬냐고 따져 묻는다. 나도 잘못인 줄을 알 듯 말 듯한 것까지 귀신같이 알고 묻는데 답하지 않을 수도 없다. 죽자사자 변명을 해대면 정말 그게 옳았냐고 다그친다.

그래, 그 정도도 안 되냐고 대들어 본다. 어쨌거나 합리화시키려 해도 답이 꼬인다. 아귀가 맞을 까닭이 없다. 변명조차 궁색해진다. 아무리 둘러대도 아귀가 안 맞으니 제풀에 화가 난다. 당당하지 못해서 부아난다. 떳떳하지 못해서 비굴해진다. 길을 두고 왜 뫼로 가느냐고 따지고 들면 세상 핑계를 들이댄다. 다른 사람도 다들 그렇게 한다고 항변한다.

거짓말 못 하면 정치 못 하고 안 속이면 장사 못 하고 아부·아첨 안 하면 승진 못 하고 꼼수 안 쓰면 사업 못 하고 위선 아니면 앞에 나서지도 못한다. 바른 소리 하여도 편들어 주지 않고 좋은 일 생기면 시샘하고 넘어지면 밟고 가는 세상인데 뭘 어쩌라고 하며 대들면 대들수록 비참해진다.

현실은 실익의 편에서 우쭐거리고 양심은 실리 앞에서 주눅이 드는데 어찌해야 당당해지고 어떡해야 떳떳해질 수 있을까.

잠 못 들어 더 긴 밤, 휘둘리기만 하는 일상에서 잃어버린 나를 불러내면 답이 있다. 내가 만든 신(神)은 인색하고 신이 만든 나는 더 인색하다.

돌아보지 않으면 뒤가 안 보이고, 뒤가 안 보이면 앞을 가늠할 수 없다. 바람에 데이고 햇살에 찔리며, 생으로 앓느라고 서리서리 사린 꿈을 신춘에 마음 다잡아 굽이굽이 펴리라.

55

싫다는데 어쩌나

살다 보면 별별 일을 접하게 되고 온갖 일을 하게 된다. 좋으면 하고 싫으면 안 해도 되는 일만 만나면 얼마나 좋겠냐만 세상사가 어디 그렇게 마음같이 만만한가. 싫어도 해야 할 일이 있고 좋아도 하지 말아야 할 일이 있다. 혼자 사는 세상이 아니고 사회공동체를 이루고 사는 국가의 구성체인 국민이기 때문이다.

하늘이 부여한 천부의 권리도 스스로 지키기가 힘들기 때문에 기준과 원칙의 틀을 만들어서 서로를 지키자는 조직이 국가다. '나'라는 객체가 가족의 구성원이 되어 국가 조직의 최소 단위인 가정을 이루고 가정과 가정이 모여서 지역사회를 이루고 지역사회가 모여서 국가를 이루었다. 이 모두가 천부의 권리를 누리기 위해서 모인 집합체이다.

국가가 천부의 권리를 지켜주는 데 필요한 자원 마련은 국민 개개인이 져야 할 의무다. 모든 일에는 자원이 있어야 목적을 이룰 수 있다. 국가의 자원은 국민의 의무에서 나온다. 따라서 권리 주장에 앞서 의무 수행이 먼저다. 의무는 권리를 보장받기 위한 수단이다.

그런데 이 의무가 언제나 말썽이다. 강제성이 있어 우선 공정한가 가 전제된다. 그런데 공정의 기준은 어디에 있으며 그 기준이 공정한 가도 문제를 일으킨다. 따지면 정의를 들이대고 형평성을 들이민다. 공정은 만인이 공평하다고 인정할 때 성립된다. 이는 만인이 불만이 없으면 공정하다는 것이다. '만인' 천태만상으로 백인 백안인데 이럴 때는 어째야 좋을까가 걱정이다.

'만장일치'. 있을 법하나 기적처럼 드물고 왕배야 덕배야 하고 언제 나 나뉜다. 서로의 뜻이 얼마든지 다를 수가 있다고 인정하지만, 뒤 틀린 심보를 들어내서 훼방 놓기를 좋아하는 '엇쭐이'가 어딜 가나 있 다. 나무의 어긋난 결에서 나온 방언이고 비속어지만 공동체에서 흔 히 나오는 말이다. 부득불 다수결 원칙을 들어대지만, 이것도 횡포가 심하다. 편이 갈리어 세몰이가 생긴다. 어떤 경우에는 돌이 옥이 되 기도 한다. 다수결의 맹점이고 폭거다. 환장할 노릇이다. 다들 제가 좋다든지 제가 싫다면 막을 수가 없다.

타협으로 타결되면 얼마나 좋을까만 끝까지 맞서면 방법이 없다. 필부필부들의 세상 사는 이야기지만 나랏일에는 찬반이 대립하면 분쟁이 생기고 정쟁으로 번지면 국민이 힘들어진다. 민심을 얻으려 고 대의명분을 서로가 디밀지만, 전문가의 수준에 못 미치는 국민은 세론에 편승하거나 진영논리에 휘말려서 편들기로 나서면서 편으로 나뉜다. 국민은 오로지 소통만을 바랬지 아무도 청와대를 내놔라 않 는 데도 한사코 돌려주겠단다. 가기 싫어서 돌려주겠다는데 이를 어 쩌나.

56
앞선 자의 고난

 산이 높으면 오르기가 어렵고 물이 깊으면 건너기가 힘들다. 이치다. 거스르면 무모하고 포기하면 굴복이다. 도전은 정도(程度)의 신중함을 요구하지 만용을 허용하지는 않는다. 패기가 지나치게 넘치면 만용이지만 소침해도 얻는 것이 없다. 걸맞은 정도의 가늠이 승패를 가르고 결과는 인품으로 나타난다.
 대인은 신중함이 지나쳐 때를 놓치고 소인은 객기가 넘쳐서 탈을 낸다. 신중함이 지나치면 돌다리도 두들겨 보고 건너고 객기가 넘치면 징검다리도 건너뛴다. 그러나 머뭇거림이 지나치면 따르는 이들이 지치고 경거망동하면 믿음이 없어 따르지 않는다. 현실이다.

 20대 대통령선거가 내년 3월 9일이다. 민주당은 후보자가 결정되었고 국힘당은 경선이 한창이다. 치열하다. 양당의 이들 중 누군가가 차기 대통령으로 선출될 것이다. 군왕과 같은 국가의 원수를 이들 중에서 선택해야 한다. 이들만이 국민의 지도자급 최고 그룹일까. 정작 최고 그룹에 있으면서도 신중함이 지나쳐 때를 놓친 사람이 있을 것이고, 지난 허물이 드러날까 봐 포기를 한 사람도 있을 것이다.

전자든 후자든 국가와 국민은 손해다. 전자는 답답하고 후자는 안타깝다. 전자는 추대하지 못하는 추종자들의 무능으로 인덕이 없고, 후자는 스스로 허물을 씻어 덕으로 숙성시키지 못한 용기 있는 군자의 길을 잃었기 때문이다. 전자의 추종자는 실리에만 급급한 시정잡배에 불과하여 언제든 기회를 만들지 못할 것이지만 후자의 안타까움은 두고두고 아쉬움으로 남을 것이다.

사람은 나이 따라 변하고 시대 따라 변하며 환경 따라 변하고 노력 따라 변한다. 우리들의 삶도 마디가 있고 굽이가 있어 고비가 있다. 비 오는 날에도 나서야 하고 때로는 뻘밭도 걸어야 한다. 입신의 영달을 꾀함인가 경세제민을 위함인가에 달렸다.

대나무는 길어도 마디가 있어 뒤틀림이 없고 소나무는 굽어도 기개가 있어 한결같이 품위를 지킨다. 옥에도 티가 있고 밥에도 뉘가 있다. 잘못임을 알았으면 즉시 고쳐야 한다. 먹물은 마르기 전에 씻어야 한다. 때를 놓치면 영원히 지우지 못하는 것이 이치다. 잘못을 스스로 드러내어 인정하면 대인이고 감추면 소인이다.

불확실성 시대의 관직의 울 안에는 도덕적 해이의 전례가 언제나 화근이다.

선비는 혼자 있어도 의관을 정제한다. 난세에 영웅 난다고 했다.

태산은 바람을 두려워하지 않고 대하는 소리 내어 흐르지 않는다. 소리 나는 여론이 전부가 아니다. 소리 내지 않는 여론을 들으면 길이 보일 것이다. 설중매의 향이 천리를 가고 송죽의 푸르름은 한겨울에 돋보인다.

57
애들은 어디에

5월, 푸른 5월이다.
'날아라 새들아 푸른 하늘을 달려라 냇물아 푸른 들판을'
정겨운 풍경이 눈물겹도록 그리움의 저편에서 아른거린다.
'우리가 자라면 나라의 일꾼 손잡고 나가자 서로 정답게'
가슴 벅찬 희망의 노래다.
'5월은 푸르구나 우리들은 자란다 오늘은 어린이날 우리들 세상'
그렇지, 그렇고 말고 너희들 세상이지.
어린이날 노래가 가슴을 '찡'하게 하는데 푸른 들판을 달리던 그 많던 애들이 어디에도 없다.

달력 속의 5월 5일, 눈길이 자주 간다. 다음날도 빨간색이다. 대체 휴일이다. 창밖이 온통 푸른 하늘이고 푸른 들판이다. 한숨이 절로 난다.
언니도 형도 학교로 가고, 남은 동생들이 이웃 또래들과 모여 노느라 와글와글하다.
"야 이놈들아! 밖에 좀 나가 놀아라."

우르르 몰려 나가면 골목이 왁자지껄하다.

'따르릉 따르릉 빗겨나세요. 자전거가 나갑니다 따르르르릉'

자전거뿐만 아니라 걷는 것도 아이들의 놀이를 피해서 다녀야 했다. 골목마다 넘쳐나던 그 많던 아이들은 다 어디로 갔나?

2024년 신입생이 없어서 1학년이 없는 학교가 전국에 157개 학교이고 경남에도 12개 학교가 1학년이 없다. 전국 입학생 36만 9,441명, 전년도보다 4만 명 넘게 줄었다.

애들을 기다리던 선생님을 어떡하나. 엊그제까지도 왁자지껄했던 교실은 어떡해?

괴괴한 적막만이 서로를 껴안고 소리 없이 흐느낀다. 고요가 흐느끼는 속울음만이 빈 책걸상을 붙잡고 섧고 서럽다.

2학년이 된 아이들은 빈 교실을 어떻게 지나갈까. 봇물 터지듯이 복도 끝에서 우르르 쏟아져 나올 것만 같은데.

애들아, 어딨니? 부르고 싶어도 목이 메어 부르지 못한다.

'엄마가 섬 그늘에 굴 따러 가면' 스르르 잠이 들던 아이는 전설이 되고, '기찻길 옆 오막살이 아기 아기 잘도 잔다' 잊어버린, 오래된 동요다.

국민학교 1학년 국어책 첫 페이지는 '아가 아가 우리 아가 예쁜 아가'였다.

이 세상에서 제일 예쁜 것이 아기다. 전부를 걸어도 후회하지 않을 가정의 희망이고 인류의 미래다. 낳아보지 않고, 키워보지 않으면 모른다.

'둥개둥개 둥개야 이 둥개가 뉘 둥개고 하늘에 떨어졌나 땅에서 솟았나'

할머니들이 그렇게 어르면서,

'금을 주고 너를 사랴 은을 주고 너를 사랴'

할머니는 그렇게 자장가를 불렀건만 잊은 지가 오래다.

푸른 5월이 할아버지를 서글프게 한다.

할아버지와 할머니의 최고의 행복이자 즐거움이 손주들의 재롱이었고 이승에서의 마지막 희망이었는데. 아이들은 지금 어디로 갔나.

"얘들이 어딨니?"

"까꿍."

58

어버이날을 맞아

　어버이날은 부모에 대한 효 사상을 앙양하기 위하여 부모님의 은혜에 감사하고, 어른과 노인을 공경하는 경로효친의 전통적 미덕을 기리는 법정기념일이다.
　고사리손들이 조부모님과 부모님의 가슴에 카네이션을 달아드리려고 꽃집마다 문전성시였다. 자식들은 부모를 찾아뵙고 경로회관에는 어르신들을 모시고 아이들의 재롱과 맛난 음식에 푸짐한 선물로 마을마다 흥겹고 성대한 잔치가 열렸다. 아름답고 멋지고 값지고 보람되고 희망찬 미풍양속이다.

　'함께'라는 가족애가 있고 '어울림'이라는 공동체 의식이 깊어 미래 사회를 위한 희망이었고 삶의 즐거움이었다. 몇 해 전까지 그랬지 지금은 많이 달라졌다.
　결혼이나 출산을 기피하는 자식들이 보모들의 눈치가 보여서 '함께'라는 만남의 자리를 되도록 피하려 하고 아니면 땜질식으로 끝내려고 한다. 손주들이 없으니 어린이날은 '어른들 날'이 되고 어버이날은 '어르신 날'이 되었다. 인사치레는 초간편으로 텔레뱅킹이 있어서

얼씨구나다. 어째 삭막한 모래바람이 불어오는 것만 같다. 뼈 빠지게 달려온 길이었는데 황량한 허허벌판에 홀로 선 기분이다.

국민권익위원회는 지난달 설문 조사 결과를 공개했다.
'정부가 출산한 산모에게 자녀 한 명당 1억 원의 현금을 지원해 준다면 아이를 적극적으로 낳게 하는 동기 부여가 되겠냐'는 질문에 응답자의 62.6%(8,535명)가 '된다'라고 답했단다. 연간 약 23조 원의 부담이 예상되는데 재정 투입에 동의하겠냐'는 질문에도 '저출산 문제 해결을 위해 필요하다'라고 답한 응답자가 63.4%(8,674명)에 달했다. 반면 '정부가 부담할 문제가 아니다'라는 응답도 36.4%로 만만찮다. 하지만, 출산의 기피가 경제적 여건이 제일 큰 문제라는 것이 증명된 것이다.

경제적 여건을 충족하기 위한 최소수단이 노동인데 노동은 시간이 필수 조건이다. 토끼잠 자듯 하며 바둥거려도 생활이 버거운데 낳고 기르고 교육에까지 경제적 부담과 시간적 제약으로 젊음을 송두리째 바치고도 불확실성의 미래에 자식을 치열한 경쟁 사회로 내몰아 생고생을 시키고 싶지도 않다는 것이 젊은이들의 생각이다. 차라리 양육 부담 없이 현재의 생활로 최대한 즐기며 살고 싶다는 것이다.

문제는 돈과 시간이다. 더러는 경제적 여건이 된대도 연예인처럼 아름답고 멋지게 살고 싶어 하는데 어쩌나. 대책이 시급하다 '낳기만 해라, 아이는 할아버지와 할머니가 키운다'라고 하면 아이를 낳을까?

59
역천 망언

영험 있다는 말은 많이 들었어도 영험을 보았다는 말은 들어보지 못했다. 그래도 너 나 할 것 없이 영검을 받기 위해 소원을 빈다. 감응이 닿기를 간절하게 빈다.

산, 바위, 나무, 물 등 자연에 대고 절실하게 빌기도 하고, 천신, 지신, 산신, 용왕신, 조왕신 등 신에게도 빌고, 절, 예배당 등 종교의 신앙심으로 간절하게 빌기도 하며 천지신명과 일월성신께도 빌며 성황당과 조상님께 빌기도 하는 등 대상이 뭐든 믿음이 가는 대상에 속죄도 구하고 발심 발원을 한다. 초자연적인 절대자의 힘을 빌리려는 것이다.

비는 목적도 다양하다. 병을 낫게 해달라며 건강을 빌기도 하고 입신을 위해 합격 또는 승진을 빌기도 하며 배우자나 자손을 얻고 싶어 인륜과 천륜의 연을 잇게 해달라고 빌기도 하고 막연하게 부자가 되게 해달라고 빌기도 한다.

결과의 경중이 어떻든 뜻을 이룬 사람과 그렇지 못한 사람으로 나

넌다. 뜻을 이룬 사람은 믿음이 이어지고 뜻을 이루지 못한 사람은 허탈감에 빠진다. 뜻을 이룬 사람은 영검을 받은 것일까? 노력의 결과일까? 아니면 우연의 일치였을까?

빈다는 것은 정신을 집중하고 정성을 다하는 지극한 발심이다. 정신 집중과 노력이 결합하여 과정을 거친 결과이다. 평생을 무릎 꿇고 빌기만 하면 이루어질까? 아무것도 이루지 못한다. 그러고는 빌어도 아무 소용이 없더라고 말한다.

발원이 과정의 전부였으면 맞는 결과이다. 하지만 "…를 해 주옵소서" 하고 주문할 것이 아니라 "…를 하겠습니다" 하고 맹세나 다짐을 했더라면 어떻게 되었을까. 이루든 이루는 데 보탬이 되든 했을 것이다.

문제는 노력을 보텔 수 없는 처지일 때다. 부모가 자식에게 직접적인 도움을 줄 수가 없는 처지일 때 '이제 자식을 위해 비는 것밖에 더할 것이 없다'라며 그저 빌고 빈다. 지인을 위해서도 빈다.

'행복을 빕니다', '명복을 빕니다'. 당사자의 어딘가에 마음이 닿기를 바라는 믿음에서 비는 것이다. 효력이나 효과가 있을 것이라는 막연한 믿음이다. 어찌 되었든 눈에 보이는 결과가 있으면 효험있다고 하는데 그렇지 않을 경우는 '다 소용없다'며 부질없는 짓이라며 실망한다.

마지막 할 말이 있느냐는 질문에 교수대에 선 사형수가 "하나님 개새끼"라고 한 것이나, "중놈만 살찌웠지" 하고 아들의 전사통지를 받은 노모의 통곡을 어떻게 설명하는 것이 옳을까.

 전지전능도 헛소리로 들리고 대자대비도 귀신 씻나락 까먹는 소리만도 못하게 들린다. 절체절명의 처지에 구원이 어디 있고 자비가 언제 있었냐며 절규한다. 중계자를 자처한 그들의 말처럼 정성이 부족해서일까 정신이 부실해서일까?

 세상사에는 답이 있는 것보다 답이 없는 것이 더 많다. 믿음과 신앙에도 답은 없다. 믿음 그 자체가 거룩하고 숭고한 것이다. 믿음의 답을 결과로 기다리지 말고 믿음의 과정에서 답을 찾아야 한다. 믿음과 신앙에 대한 발원은 상대를 위한 응원이고 자기에 대한 성찰의 또 다른 수단이다. 천년고찰 법당의 마룻바닥이 쓸고 닦기만 하여서 그렇게 반들거리는 것은 아니다. 믿음이었고 정성이었으며 숭고한 수양이었고 거룩한 과정이었다.

 인간이 자신의 능력으로는 할 수 없을 때면 진인사대천명이라며 하늘의 뜻을 믿고 맡긴다. 뜻을 이루지 못했거나 불의의 상황을 당하면 하늘도 무심하다며 하늘에 대고 원망을 한다. 흔히 하늘은 스스로 돕는 자를 돕는다고 했으나 그런 일은 없었다. 사람은 소원만 비는 것이 아니라 저주까지 빈다. 천벌을 받으라고 빌기도 한다. 하지만 그런 일은 없다. 하늘이 무섭지도 않느냐지만 아무도 하늘을 무서워하지 않는다. 천벌이 있으면 형벌이 왜 생겼겠나? 형벌은 천벌의 존재를 부인하며 양심의 벌은 인정한다. 형벌은 죄를 다스리기 위한 최후의 수단이고 양심은 죄를 다스리는 최선의 방법이다.

인간은 양심 앞에 떳떳할 때 비로소 당당하다. 발원 발심도 떳떳해야 한다. 그러기 위해서 빌고 비는 데 믿음이 안 간다. 수양의 과정이 절실히 필요하다.

정신 수양이 육신을 맑고 활기차게 한다. 믿음의 대상은 믿음이 가는 것이 숭고한 대상이고 믿음 그 자체가 거룩한 것이다. 테레사 수녀가 임종을 앞두고 평생을 주님의 울타리 안에서 살아왔는데 그분의 소리를 한 번도 들은 적은 없다고 했다. 종교와 관계없이 만인으로부터 존경받던 김수환 추기경도 어느 대학 강의에서 천당이 있고 부활이 있느냐는 학생의 질문에 나도 모른다고 대답했으니 두 분 모두 후세에도 같은 길을 선택했을 것이다. 과정이 숭고하고 거룩해서 찬양한다.

결과는 과정에 의한 산물이기도 하지만 과정이 곧 결과이기도 하다.
우주의 중심체는 본인이다.

60
영부인과 제2부속실

영부인! 말로만 들어도 자애(慈愛)의 여운에 지친 삶의 시린 가슴까지 녹여낼 듯한 거룩한 지칭이고 만인이 우러러 부를 호칭이다. 근엄하면서도 너그러움이 있어 온유하며 인의예지를 겸비한 성덕의 표상이고 성모이자 보살이며 사랑과 자비를 아우른 어머니의 품이고 할머니의 무릎이다.

노력만으로는 닿지 못할 성지의 성좌이기에 천상에서의 강림과도 같은 발현이다. 따라서 하늘에서의 주어짐이 있으면 마땅히 지상으로의 베품이 있어야 할 것이다. 그러므로 권리에 따른 의무는 당연지사이고 권한의 범위 안에서 활동의 효용을 극대화하여 국민의 바람을 충족시키는 데 애정을 다 쏟아야 한다. 그러면서 갖추어야 할 예도가 있고 지켜야 할 법도가 있다.

옛적은 군주의 뜻이 법이었으나 지금은 국민의 뜻이 법이다. 군주가 아닌 민주다. 법을 지켜서 법의 보호를 받고 의무를 다하여 권리를 보장받는 원칙이 확고한 세상이다. 이를 집전하는 분이 대통령이라면 따르고 싶어도 따를 능력이 없는 이들을 보듬어 주어야 할 분이 영부인이다. 대통령의 잣대는 바로미터라야 하지만 영부인의 자는 눈금이 없어야 한다.

할아버지께서 야단치시면 할머니는 품어주신다. 손주는 안정하고 깨달음을 얻는다. 영부인은 할머니의 품과도 같아야 한다. 돌아서서 우는 사람의 눈물을 닦아줘야 하고 서러운 사람을 다독거려 줘야 한다. 일거수일투족이 공식적이어야 하고 편애와 편협은 금물이다. 단장도 치장도 아름다움을 위해서 할 것이 아니라 인품을 위해서 해야 하고 국민의 품격을 위해서 해야 한다. 그래야만 영부인으로서 그 그림자도 아름답고 발자국에서도 향내가 난다.

애완동물과도 거리를 두고 지인들과도 거리를 두어 사사로움을 버려야 한다. 지인들이 먼저 친함을 국민에게 양보하고 멀리서 응원해야 한다.

수양산 그늘이 강동 팔십 리를 간다고 했다. 보이지 않는 힘이 작용할 수 있다. 호랑이 가죽은 보기만 해도 겁나고 도끼는 누워있어도 한몫을 한다고 했다. 영부인도 모르게 줄 대기가 생기면 걷잡을 수 없는 지경까지 이를 수 있다. 깨끗한 천도 더러운 물에 닿으면 얼룩으로 번지고 향기는 바람결에도 사방으로 퍼져간다.

제2부속실도 서둘러 만들어야 한다. 호사를 위한 내밀한 공간도 아니고 통제를 위한 제약의 공간이 아니다. 국모의 기품과 품격을 다듬는 내실이고 예도로 세계를 품고 덕행으로 국민을 쓰다듬는 자애(慈愛)의 산실이기 때문이다.

61

올해의 사자성어

2023년을 돌아보며 전국 교수들이 선정한 올해의 사자성어가 '견리망의(見利忘義)'다. 논어 헌문편(憲問篇)에는 견리사의(見利思義), 이로움을 보면 의로움을 생각하라고 했는데 '견리망의'라니 한 해를 돌아본 현실이 그대로 함축되어 있어 부연설명이 필요 없다.

견리망의, 이(利)를 보자 의(義)를 잊다. 딱 들어맞는 선정이다. 이익이 눈에 보여 의로움을 잊어버린 우리의 정치권 전반을 두고 평한 것이다. 허망하고 암담하다.

날로 살기가 어려워지고 있어 국민이야 각자도생의 길을 찾는다고 허둥거리고 있는데 국민을 이끌어 가는 지도자이면 국리민복(國利民福)을 위한 의로움에 앞서야 할 사람들이 의(義)를 잊고 이(利)를 취하니 국민은 도탄에 빠지기 마련이다.

정치지도자들은 직위나 지위의 책무가 권력에 의한 사익(私益)의 수단으로 작용하면 부정과 부패가 만연하게 된다. 국민의 공리(公利)를 다루는 정치인은 손만 뻗으면 사리(私利)를 쉽게 취할 수 있다. 따라서 의(義)를 잊고 이(利)를 취한다면 나라의 앞날을 걱정하지 않을 수가 없다. 경제가 어려워질수록 의로움을 솔선하여 실천해야 할 사람들이 견리망의의 자세였다면 스스로 감투를 벗어야 한다.

작년의 사자성어가 과이불개(過而不改)였다. 잘못을 알고도 고치지 않는다고 했는데 그러면서 올해는 이로움을 쫓느라 의로움을 잊고 있다니 분명 우리의 정치는 잘못 가고 있다.

교수신문이 전국 대학교수 1,315명을 대상으로 설문 조사한 결과 30.1%인 396명의 선택으로 '견리망의'가 가장 많은 지지를 얻었다며 올해의 사자성어로 선정했다.

2위가 적반하장이다. 적반하장, 도둑이 매를 든다. 책임져야 할 사람이 남 탓하며 매를 들다니 꼴 좋다! 욕먹어야 싸다.

걸핏하면 네 탓이고 심지어 전 정권 탓도 막 해댄다. 양대 정당이 똑같다. 상대가 잘못했으면 내라도 잘해야 하고 전 정권이 잘못했으면 현 정권이 잘해야 하는 것이 옳고 맞다.

3위가 남우충수(濫竽充數)다. 피리를 불 줄 모르면서 피리 부는 악사들 틈에 끼어있다. 자세히 보지 않아도 수두룩하다. 남의 감투 쓰면 머리 벗어진다고 했다. 조용히 내려오는 것이 좋다. 최소한 자식들 앞에서나마 부끄럽지 않아야 하지 않겠나?

새해에는 견리망의(見利忘義)가 아닌 견의망리(見義忘利)이길 간절히 바란다.

62
왜들 저러나

 여당이 왜 저리 난장판인가? 의석수는 제2당이라도 엄연한 집권 여당이다.
 국회의 소임을 우선하고 정부와 협력하며 대통령의 국정 수행에 조력하여 민주국가로서의 나라 경영에 앞서야 할 집권당이, 당 대표 선출을 놓고 후보 간에 서로를 헐뜯는 것을 보면 한솥밥 먹기는 틀린 것 같다. 마치 못 잡아먹어서 안달이 난 철천지원수같이 미주알고주알 후벼 파서 트집 잡고 상처 내어 물고 씹는다. 이전투구도 유분수지 추잡하고 저질스러워서 지켜보는 국민이 낯 뜨겁고 민망하다. 아예 너 죽고 나 죽자는 식이다.

 당을 이끌어갈 지도력을 평가받기 위해 자기 철학과 신념 신조를 피력하며 나름의 구상을 내놓아 당원들의 선택을 받으면 될 것을, 상대를 무너뜨리고 박살 내려 사생결단이라도 한 것 같다. 상대의 잘못을 들췄으면 선후가 이러하니 나라면 이렇게 했을 것이라고 비방이 아닌 비판으로 자기 소신도 밝혀 평가를 받으면 될 일이다.
 자신도 제 역할을 못 해놓고 상대에게 흠집을 내려고 덮어씌우는 것은 치졸한 작태이고 품위 없는 소인배 짓이다. 전당대회가 정당의 최고 축제이어야 하는데 어쩌다가 당 대표 선거전이 추잡하고 포악스러워졌나? 품위와 품격이 국민에게 환멸을 느끼게 한다.

떠버리 논객들이야 일당벌이한답시고 입방아를 찧어댄다지만 다른 정당의 대표라는 사람들이 남의 정당 대표 선거에 끼어들어 특정 후보 거론하며 온갖 과거사를 들추어 왕배덕배 하는 것은 무례한 짓이다. 감 놔라 배 놔라 할 주제가 아니다. 제당 관리나 잘하지 남의 당내 선거에 끼어들어 간섭하는 것은 주제넘어도 한참 넘었다.

당 대표 선출은 자당의 문제다. 당헌 당규에 따른 당원들의 문제이지 외부에서 간섭할 일이 아니다. 모든 정당은 국민의 정당이므로 결과에 따른 평가는 국민의 몫이다. 용을 뽑든 이무기를 뽑든 권리권자들의 몫이고 결과에 따른 책임 또한 그들의 몫이다.

다른 당에서 결과에 대한 평은 내놓을 수 있지만, 특정 후보들을 거명하며 온갖 비난과 비방을 하는 것은 국민과의 이간질이고 당을 와해시키려는 음흉한 공작이다. 양두구육임을 누가 모르랴만 대권을 넘보고 인지도를 구걸하는 속내가 가증스럽다.

당 대표 후보들이 서로를 비방만 해대니 이러한 잡배들이 설쳐댄다. 국민의 대변자요 이동하는 입법기관이며 더구나 집권 여당의 당 대표 후보자답게 제발 품위를 갖춰 체통을 지키시라! 지켜보는 국민이 민망스럽다.

63
요동치는 정가

정국이 너무 시끄러워 어수선하다.
양대 정당이 하나 같이 몸살을 한다.

여당에서는 지난 연말까지 이준석 전 대표가 들쑤시며 흔들어대고, 인요한 씨가 혁신위원장을 맡아 아귀를 맞춰보려다 방울 소리만 요란했고, 급기야 정치 무급자인 한동훈 전 법무부장관이 비상대책위원장으로 앉으면서 당내는 숨 고르기를 하는 듯 조용해졌다. 달갑잖게 여기는 쪽에서는 열불을 꾹 누르며 참고 견디기는 하지만 언젠가는 터질 시한폭탄을 감추고 있을 뿐이고 게다가 수면 아래서 웅크리고 있는 윤핵관과 친윤이 비윤계와의 공천 경합을 앞두고 있어 쌍방이 뇌룡(雷龍)의 형세를 취하며 서로가 눈에 띄지 않게 칼을 갈고 있다.
4월 총선이 코앞이라서 공천에 미칠 득실을 저울질하느라 입을 다물고 있으나 폭풍전야의 고요함일 뿐이지 일촉즉발의 전운이 감돌고 있다. 설상가상으로 쌍특검의 거부권 행사로 아직도 식지 않은 뜨거운 감자가 목에 걸려서 몸을 사리고 입을 닫고 있으나 속앓이가 이만

저만이 아니다.

자세히 보면 깨어진 항아리를 얼기설기 얽어맨 형상이다. 어디서 물이 새고 어디가 틈이 벌어질지 가늠조차 못 하는 실정이다. 어쩔 수 없이 4월 민심에 당운(黨運)을 걸 수밖에 없다. 당을 이끌어갈 추앙받을 인물이 없어서다. 모두가 잘났기 때문이다. 그들의 눈에는 국민만 무식하다. 국민이 휘둘리고 있다.

민주당도 야단이다. 친명계와 비명계의 분란과 분열이 계속되는 상황에서 두 이 씨마저 갈라섰다. 신당 창당을 하겠다고 탈당하는가 하면 5선 현역의원은 보따리를 싸서 여당으로 갔다. 자중지란이다. 무거운 절 떠나니 가벼운 중 떠나는 격인데 지난 대선을 돌이켜보면 대동단결을 해볼 만도 한데 그들의 셈법은 국민과 다르다.

과거 DJ와 YS의 결별을 연상케 하지만 그 축이 다르다. 언제나 주류와 비주류, 아니면 계파 간의 갈등은 있었다. 정치는 평온을 갈구하지만, 정치권의 흐름은 언제나 매정하고 비정하다.

현 정권의 부담도 적지 않다. 특검 아니라도 이재명 대표의 사법적 문제를 오랜 세월 동안 국민을 진 빠지게 하는 것도 부담될 것 같다. 물이 날 때까지 우물을 파면 어떤 물이든 나기는 나겠지만 지켜보는 목마른 객꾼은 지쳐서 떠난다.

어쩌다 여야 양당이 만신창이가 되었을까?
정계는 무게중심이 흔들리지 않아야 한다. 우쭐거리거나 깝죽거리면 믿음을 얻지 못한다. 잔인한 4월이 아니길 바란다.

64

우리는 어디로 가고 있나

　하늘이 두 쪽 나도 내일도 해는 동쪽에 뜬다. 어제도 그랬고 작년에도 그랬다. 그래서 내일도 모레도 그렇게 될 것이다.
　천체과학에 의한 자연현상이기도 하지만 실생활에서는 믿음의 비중이 크다. 조물주가 그리 만든 것인가 아니면 창조주가 그렇게 만든 것인가는 중요하지 않다. 어제의 현실이 오늘로 이어졌으면 오늘의 현실이 내일로 이어질 거라는 영속성의 믿음이 더 중요하고 현실적이다.

　반만년 역사의 어제가 오늘로 이어지면서 내일을 짐작하게 한다. 과학이 아니고 자연의 순리에 대한 믿음이다. 내일도 모레도 그와 유사할 거라는 짐작이 현실로 이어져 가고 있다.
　10월 유신도 있었고 12.12도 있었다. 또 무슨 일이 있을지 모른다는 짐작이 12.3 비상계엄령으로 나타났다. 대통령 탄핵도 반복한다. 노무현 대통령 탄핵에 이어 박근혜 대통령 탄핵도 있었는데 또 윤석열 대통령 탄핵으로 이어졌다. 게다가 한덕수 대통령직무대행까지 탄핵으로 번져갔다. 그렇다면 또 어디까지 이어질지, 번져갈지 모르긴 해도 없지는 않을 것이다.

그렇다면 왜 우리는 시련을 거듭해야 하는가를 짚어봐야 한다. 이유가 뭔가다. 망각이다. 방관이다. 묵시다. 침묵이다. 반감이다. 질시다. 나아가서 감정의 편 가름이다. 이들 중 나는 어느 쪽에 해당하는가를 따져봐야 한다. 분명 어딘가에 있다.

정세를 돌이켜 따져보는 사람은 나라를 걱정하는 사람이고 뭔 개소린가 하는 사람은 나라의 장래와는 무관한 사람이다. 대통령이 누구면 뭐하고 국회의원이 누가 되면 뭐하며 이순신 장군이 월남전에서 전사했대도 상관없이 없다. 매장가서 생필품 사나르는 데 문제없고 누구든 간섭하지 않으면 뭐라도 상관없다. 왜일까는 간단하다. 내일도 해는 어김없이 동쪽에서 뜰 것이기 때문이다.

문제는 이러한 사람들이 많을수록 정치하기가 수월해진다는 것을 정치가들이 잘 알고 있어, 이를 정치에 이용하는 것이 문제가 아니라 본인의 당선에 이용한다는 것이 문제다.

여기서 끝나는 것이 아니다. 더 큰 문제는 국민인 유권자가 정치인이 이와 같은 생각을 하고 있다는 것을 알려고 하지 않는다는 것이 더 큰 문제이다.

편 가르기와 집단 이기주의, 진영논리에의 함몰, 언제까지 정세의 휘둘림에서 벗어나지 못하고 정치 모리배들에게 우롱당할 것인가?

계엄도, 탄핵도 그치지 않을 수 있는데 우리는 지금 어디로 가고 있나?

이 시대는 정치에 등 돌려버린 사람이 현실적으로 현명하다. 잘 먹고 잘사는지는 모르지만, 근심 하나는 덜었기 때문에 현명한 것이다.

자유당의 장기 집권도 반대했고 10월 유신도 반대하고 3선개헌도 반대했으며 전두환 정권도 반대했고 체육관 선거도 반대했는데 찬성했던 사람은 자리를 차지하고 잘사는데, 반대했던 사람들은 온갖 고초를 당했고 일자리만 잃고 절대 빈곤에 허덕이기 때문이고 아니면 이를 본보기로 보고 미리 몸을 사린 것이 지극히 현실적이기 때문에 현명한 사람이다. 참으로 개 같은 논리지만 해는 언제나 동쪽에서 떠서 서쪽으로 지며 죽기 살기로 포교하고 선교하며 전도하는 신앙의 대상인 거룩하고 위대하셔 전지전능하고 대자대비하신 그도 현실적으로 아무런 영향력을 쏟아주지 않기 때문에 일찌감치 마음을 고쳐먹은 사람들이다.

그들의 신앙도 본질과는 다르다. 믿음의 대상이 아니라 위안받기 위한 수단의 대상이다. 죄를 짓지 않게 해달라고 비는 대상이 아니라 지은 죄 사하여 달라고 비는 대상으로 삼고 있다. 죄짓고 빌고 지은 죄 사하여 달라고 빌어놓고 또 죄를 짓는 연속된 반복이다. 죄를 지었으니 벌을 달라고 하는 것이 아니라 죄를 지었지만 사하여 달라고 억지를 부리는 꼴이다. 판단도 신앙의 대상이 하는 것이 아니고 본인이 본인을 판단하는 자아 판단이다. 참으로 해괴한 논리지만 현실에 딱 들어맞는 셈법이고 그렇게 되어버린 세상이다.

눈에 보이는 사실이라서 이를 부인하는 쪽이 어리석은 사람으로 평가받는 세상이다.

테레사 수녀가 죽음을 앞두고 "평생을 예수님의 길을 따랐는데 예수님의 음성을 한 번도 듣지 못했다"라고 했고, 타 종교 신자들은 물론 무신론자들까지도 존경했던 김수환 추기경이 어느 대학교의 초청 강의 시간에 '천국이 있느냐? 그리고 부활이 있느냐?'는 학생들의 질문에 "나도 몰라"라고 대답했던 사실이나, 교회에서는 창조주의 찬양을 침이 마르도록 하던 과학 선생님이 학교 수업의 학생들 앞에서는 다윈의 진화론을 열성껏 설명하는 경우를 두고 우리는 어떤 생각을 해야 하나?

정신세계와 현실 세계가 날이 갈수록 갈등의 골이 깊어만 가는데 언제까지 양면으로 안고 살아가야 하나. 그런데 우리는 현실 세계에 살고 있다. 현실 세계는 물질이 좌우한다. 즉 실물 세계다.

이쯤 되면 교육은 어디로 가야 하나. 세상도 믿지 말고 사람도 믿지 말라는 식의 교육이 현실에 부합되는 것 아닌가. 오로지 믿을 것은 자기 자신밖에 없다고 힘주어 강조해야 할 현실이다. 교육은 내일로 가는 길잡인데 우리는 지금 어디로 가고 있나.

65

유월의 청춘송(青春頌)

　신록의 계절 유월이다. 연두색의 여린 잎이 솜털을 털어내고 싱그러운 푸르름을 마음껏 부풀려 내는 도약의 향기가 상큼하다. 풋풋한 풋내는 얄미우리만치 청순한 맛을 품어내고 있어 싱그러움의 향에 취하여 숨이 갑신다. 바람이 살짝 스쳐만 가도 활엽수의 짙푸른 잎은 물오른 열정을 주체할 수 없어 넘치는 힘은 의기도 양양하게 창공으로 충천하고 발랄한 생기를 사방으로 뿜어낸다.

　때 묻지 않아서 떳떳하고 구김살이 없어 당당하다. 내일을 향해 내달리고 있는 오늘의 젊은이들이다. 젊음이 불꽃 같은 청춘의 시작이다. 버거움도 없고 두려움도 없어 거칠 것이 없다. 초원을 달리는 야생마의 갈기만큼 꿈과 이상을 휘날린다. 오로지 내일을 향해 달려가는 청춘의 멋이다.

　심장은 고동치고 피가 끓는다. 유월은 청춘의 계절이다.
　청춘들이여! 머뭇거리지 말라. 견주지도 말고, 셈하지 말고 돌아보지도 말라. 내일이 청춘을 기다리고 있다. 미래는 젊은이들을 위해 마련된 꿈의 광장이다.

부딪쳐 깨어져도 상처를 흔적 없이 아물게 할 젊은 피가 끓고 있다. 넘어져도 일어설 수 있는 혈기가 넘쳐난다. 지름길을 찾지 않아도 될 충분한 시간이 있다. 서두를 까닭이 없다.

신기루를 만났다고 낙담할 필요도 없다. 돌아서지 않아도 신기루 뒤에도 광활한 평원이 있다. 마음껏 달려도 좋을 광장이다. 나침반도 들이대지 말고 눈금자도 버려라. 앞서갔던 이들은 알고 있고 먼저 간 이들은 답을 안다. 그들의 뒷모습이 길이고 답이다.

눈은 바른길만 보고 귀는 옳은 답만 들어라. 앉아서 길을 물으면 답하는 이가 없다. 길을 나서서 길을 물어야 앞이 보이고 귀가 열린다.

앞서가는 노인의 지팡이 끝을 보면 길이 보이고 베옷에 얼룩진 찌든 때를 보면 답이 보인다. 등이 휘고 허리가 굽은 것은 보릿고개를 넘어온 세월의 흔적이고 목이 따가운 매스꺼운 냄새는 포탄이 뿜어낸 화약 냄새고 전우가 흘리고 간 피 냄새이며 눈물 나게 매캐한 냄새는 최루가스 냄새다.

역겨워해서는 안 될 유월의 냄새다.

마을마다 들녘마다 보리타작 뒤끝의 겉겨 타는 구수한 냄새며 무쇠 솥뚜껑 열리는 소리에 꽁보리밥 익은 냄새며 모깃불 속에 쑥이 타는 냄새에 옥수수가 익는 냄새도 못 잊어 하는 노인들에게 왜 그렇게 살았느냐고 묻지 말고 그렇게 살 수밖에 없었던 이유에서 답을 찾아라.

서산마루에 걸터앉은 노인들은 오늘의 청춘들에게 응원의 박수를 보내리라.

66
유월이 되면

유월이 되면 속울음을 운다.
아무도 없으면 유월이 나를 울게 한다. 아직도 섧다. 이제는 잊었나 하면 그 함성이 들려온다. 잠든 영혼이 되살아난다. 쓰러진 깃발이 다시 일어선다. 향불의 연기도 매캐하다. 삭아도 삭아도 열 번도 더 삭고 스무 번 서른 번도 더 삭아야 할 분이 아직도 남아서 유월이 되면 뜨거운 피로 끓어오른다.
잊으려고 무던히 애를 써도 유월이 되면 속으로 북받쳐 오른다. 비우고 비워서 다 비웠는가 싶은데 아직도 섧다. 서러워 서러움 되지 말자며 잊으려 해도 유월의 향불이 피면 더 서러워서 속으로 운다.

거룩한 분노, 숭고한 저항, 아름다운 절규, 불타는 통곡, 모두가 하나였던 뜨거운 함성! 이제는 잊어도 좋을 옛이야기가 되었는가 해도, 유월이 되면 되살아난다. 서러움의 꼬리가 길어서 이제는 잊어야지 하면 아스팔트가 달구어지는 유월이 돌아와 가슴을 후빈다.
스쳐 간 바람이었고 흘러간 구름이었다고 마음을 달래며 잊으려 해도 잊으려 하면 유월이 뙤약볕의 그 유월을 불러온다. 그 뜨겁던

열기가 가슴에 끓어 붓는다.

 못 잊어서 못 잊는 유월이 되어 촉석루 그림자 지운 남강물에 통곡하는 내 영혼을 씻는다. 신음하는 소리가 들린다. 칠암동 대숲이 절규하고 망경동 대숲이 치를 떤다. 비봉산과 선학산이 스크럼을 짜고 망경산을 끌어안고 통곡을 한다.

 창렬사에 향이 피고 호국사의 종이 운다. 의암도 섧게 운다.

 유월이 되면 매캐한 내음이 난다. 나도 모르게 눈시울이 젖는다. 가족들이 볼까 봐 얼른 고개를 돌린다. 늘 미안했고 언제나 미안하다. 유월이 되면 더 미안해진다. 그래도 미안하다는 말을 한 번도 못 하고 지금껏 살아왔다.

 유월이 되면 목마른 함성이 처절하게 들린다. 가슴이 아려온다. 가족들이 눈치챌까 봐 먼 산을 쳐다본다. 속울음을 운다. 섧고 또 서럽다. 유월이 되면 더 서러워진다. 그래도 내색 한 번 않고 지금껏 살았다.

 유월이 되면 생각나는 사람이 많다. 집에 오면 입을 다물어서 가족들은 모르는 사람들이다. 늘 보고 싶어 못 잊어서 못 잊는다. 마이크를 쥐고 앞섰던 나를 지켜준 호위무사가 되어버렸던 그들, 지금은 어느 하늘 아래서 분을 삭이고 있는지 가슴이 미어진다.

 유월이 되면 더 보고 싶다. 그래도 연락 한 번 못 하고 지금껏 살았다.

유월이 되면 오싹한 소름이 돋는다.

집이 없는데 무슨 차고가 있겠냐만, 셋방 앞에 세워두고 밤새워 지킬 수도 없어 아침마다 차 지붕에 방석을 깔고 확성기를 얹는다. 나의 칠성판! 아침마다 먼 길 떠나는 영혼이 되어 칠성판을 둘러메고 집을 나선다. 늘 군중 앞에서 확성기로 소리 지르며 곳곳의 오일장도 다녔다. 언제나 목이 메어 목이 쉬었다. 목쉰 소리를 달고 살았다.

유월이 되면 잊으려고 무던히도 애를 쓴다. 동지는 간곳없고 깃발도 흔적 없어 기억의 저편에 묻어버리려고 '유월이 되면'이라는 글을 유월이면 쓴다. 누구를 붙들고 하소연하랴. 이제는 잊어야지 하며 섧게 울던 가슴을 달랜다.

이제는 잊어야지 하면서도 그래도 잊지 못하고 지금껏 살았다.

67
의사 파업 명분 없다

　병·의원 어디를 가든 30분 대기는 기본이고 한 시간은 예사다. 그러고는 5분 진료를 받고 나온다. 기다리는 대기시간이 왜 길고 진료시간은 왜 짧은가. 의사는 환자 진료에 지치고 환자는 진료 대기시간에 지친다. 화급을 다투는 환자도 응급실에서 경중을 가려 속절없이 순서를 기다려야 하고 생사가 걸린 중병환자도 몇 달을 기다려야 수술받는 것이 의료현장의 현실로서 환자로서는 지레 죽을 지경이다.
　의사의 수가 늘어나면 환자의 대기시간이 줄어든다. 반면 의사의 수가 늘어나면 의사의 수입은 줄어든다. 그래서 의사들이 후자를 염려하여 환자를 불모 삼아 의대생 증원을 반대하며 집단 사직을 하겠다는데, 이는 특권의식에 젖어 희소가치를 누리며 몸값 부풀리려는 이기주의다. 인명부터 구하겠다는 의사로서의 사명감이 없다면 의사이기를 영원히 포기해야 한다.

　의사회가 낸 성명서에는 의사 수가 OECD 회원국 중 대기시간, 도시와 농촌 간의 의사 밀도 차이 등 각종 보건의료서비스가 지표상 최상위권이라고 하지만, 이는 왜곡이다. 외국의 예는 발병 이후부터 진료 시점까지의 시간이므로 우리처럼 접수 이후의 대기시간과 개념이 다르다.

도농 간의 의사 밀도 차이도, 우리나라는 도농 간이 맞붙어 있어서 그 구분이 별 의미가 없다. 그리고 '필수의료 개선책이 시급하다며, 국내 최고의 병원에서도 개두 수술을 할 의사가 없어 자기 병원 직원조차 살리지 못했다'는 것은 의사가 부족해서가 아닌가?

또한, '지역 의사제'가 전제돼야 한다고 했는데 의사 증원 없이 지역 의사는 어디서 구하나? 2020년 인근 산청군이 내과 전문의 한 사람을 구하려고 공모 4차 모집 끝에 연봉 3억 6천만 원을 주기로 하고 가까스로 구한 의사가 채용 직후 계약 취소를 한 것은 왜인가?

의사와 함께하는 간호계에서도 대형병원에서 의사 인력 부족으로 의사의 의료행위 일부를 대신하고 있다면서 의대 정원을 늘려야 한다는 주장이다.

'응급실 뺑뺑이'나 지역 공공병원 폐쇄 등 지역 필수의료 분야의 위기는 의사 인력 부족에 따른 현상으로 1998년 이후, 의대 정원이 동결된 것이 그 원인이다. 건강보험공단은 의사 1인당 연 진료인 수와 수가 총액을 이럴 때는 밝혀서 국민이 판단할 수 있는 자료를 제공해야 한다.

의대 정원을 2,000명 늘인다고 당장 의사가 2,000명 늘어나는 것도 아니다. 전공의 과정까지 거치려면 장장 10년이 걸린다.

의협회장은 "정부는 의사들을 이길 수 없다"는데 이는 안하무인의 특권의식이다. 의술은 인명을 다스리는 천부의 직임을 명심하고 의사는 정부와 싸울 것이 아니라 환자의 편에서 질병과 싸워주길 바란다.

68
의사들의 반란

우리나라의 개업 의사 소득이 전체 노동자의 평균 소득보다 6.8배나 많아 OECD 국가 중 최고라는 보고서도 나왔다. 부귀영화를 누리고도 넘쳐나도록 남을 만큼 상상을 초월하는 현실이다.

우리나라 전체 노동자의 소득이 지금의 배만 올라도 생활 수준이 어떻게 달라질까? 월 이삼백만 원씩 벌던 사람이 오륙백만 원씩 벌어들인다면 생활 수준이 어떻게 달라질까? 제일 먼저 '이게 꿈인가? 생시인가?' 하고 허벅지부터 꼬집어 볼 것이다. 그런데 의사들은 무려 6.8배나 더 많이 벌고 있다. 일반인들은 상상도 못 할 일이 아닌가? 의사들의 특권의식이 지나치다. 보통사람들이 사는 세상이 보이지 않는 것이다.

신의 영역 다음으로 인명과 건강을 다스리는 신성한 제중의 길을 스스로 더럽히지 않으면 한다. 의대생 증원 철회가 없으면 주 52시간으로 진료 시간을 줄이겠다고 겁박하고 있다. 일반 노동자도 주 52시간을 초과 못 하게 하는데 의사들의 장시간 진료는 의사 수가 부족하기 때문이다.

환자는 눈이 빠지게 대기하며 의사의 진료를 기다려야 하고 의사는 눈이 충혈되도록 장시간 진료를 하는 것이 현실이다. 그렇다면 환자 수를 임의로 줄일 수 없으니까 의사 수를 늘릴 수밖에 방법이 없다. 게다가 의사들도 고령화 시대다. 의대생 증원은 절박한 현실이다. 우리나라 의사의 수는 인구 1,000명당 2.6명으로 OECD 국가 중 꼴찌에 가깝다.

이번에는 정부도 한 발짝도 물러서서는 안 된다. 의사들이 "정부는 의사를 이길 수 없다"라고 하며 의사 없는 세상을 살아보면 정부는 무릎 꿇고 항복할 것이라는 계산으로 집단 휴직과 사직을 하는데, 이게 인명을 다스리는 의사들이 할 행위인가? 이는 인명을 볼모 삼은 중대 죄악이다. 인류를 위해 희생을 하는 것도 아니고 사회를 위해 봉사를 하는 것도 아니다.

일반인보다 6.8배나 많은 소득을 올리면서 갖출 것, 다 갖추고 누릴 것, 다 누리면서 우대받으며 부귀영화 누리는데 이건 매화틀 타고 어깃장 놓는 격이다. 지금 의사들의 집단 행위는 인류에 대한 배반이고 반란이다. 고통받는 환자가 의사의 진료를 받으려고 장시간 기다려야 하는 현실은 인류의 불행이다.

2002년 사스에 이어 2009년 신종 인플루엔자A, 2015년 메르스, 2019년 코로나19와 같은 전염병과 상관없이, 평상시의 기준으로도 환자가 의사를 무한정 기다리지 않게 의사 수를 더 많이 늘려야 한다.

의사들의 반란, 인명의 존엄성을 짓밟는 행위다.

69
이 사회가 져야 할 책임

서울 강남구의 여섯 평짜리 한 오피스텔, 취업 준비를 위한 이력서와 자기소개서 150장을 남기고 앞날이 구만리 같은 서른한 살 피 끓는 청년의 주검이 발견되었다. 매스컴을 타고 사연이 알려지자 사회는 잠깐 술렁이는 듯했다. 그리고는 며칠도 안 되어 까맣게 잊어버렸다. 남의 죽음이 내 감기 고뿔만도 못하다고 했던 현실의 현장이다.

헐벗고 굶주리던 시대는 옛날이다. 지금은 넘쳐서 탈이다. 환경오염과 정신문화까지 오염시킨다. 그 뒷면에는 절박한 고난과 가난이 있다. 내일이 무섭고 오늘이 힘들어 극단적인 선택을 한다. 처절함이지만 귀 밖으로 듣는다. 정부에서나 어떻게 해야지, 나 몰라라. 더러는 "그토록 절박한 줄 알았으면 작은 온정이라도 보낼 수 있었는데 알기나 했나"다.

"좀 더 발버둥이라도 쳐보지" 하고 안타까워도 한다. 그런가 하면 "일자리가 왜 없어? 사람을 못 구하여 외국인들까지 구하려고 동동거리는 판인데"라는 사람들도 많다. 이거든 저거든 이 사회가 풀어야 할 문제다. 행정의 사각지대와 사람과 사람 간 단절의 벽이 불러온

탓도 있지만, 불확실성의 미래와 맞닥뜨린 젊은이들의 현실이다.

우리나라의 1인 가구가 전체 가구 수의 32%로 젊은이들의 '나홀로 가구'가 늘어가고 있어서란다. 게다가 무연고 사망자가 2021년 2,880명으로 5년 사이에 50% 증가했다.

정보화 시대라면서 정작 사람이 인정을 나눌 수 있는 정보는 먹통이다. 현실적이고 실용성 있는 실생활 정보의 공간을 넓혀서 젊은이들이 마음껏 공유할 수 있는 정보체계가 마련되어야 한다.

어떤 사람의 통화내용은 국민의 알 권리라고 주장하는가 하면 쓰잘 것 없는 것도 사생활 침해라고 들이대는 세상이라서 헷갈리는 시대다. 사회적 정서의 정립을 가다듬어야 할 때가 왔다. 의무에 따른 권리인지 권리에 따른 의무인지를 구분도 못 한다. 시대적 문제는 사회가 져야 한다.

굶주린 외손녀를 먹이려고 빵 하나를 훔친 할머니에게 법정에서 벌금 10달러가 선고되자 방청석이 술렁거렸다. 빵 하나 살 돈도 없는 할머니에게 과중하다는 것이다. 판사는 선고 이유에서 할머니를 저렇게 내몬 미국과 이 사회가 책임을 져야 하고 나도 그간 잘 먹고 잘 살았기에 그 책임이 있다며 판사는 모자를 벗어 돈을 넣고 방청석에도 모자를 돌려서 벌금 10달러를 제하고 남은 돈을 할머니께 드린다. 파오렐로 헨리 라과디아 판사다. 세기의 명판결로 기억하고 있다.

우리는 지금 우리 사회가 져야 할 책임을 모르고 있다. 젊은이들은 우리들의 자산이다.

70

장맛비 오는 날

하늘이 희뿌옇게 낮아지더니 산과 들이 며칠째 장맛비에 젖는다. 유리창에 부딪히는 빗소리에 자동차 바퀴에서 튀는 물소리까지 섞여 쉴 새 없이 시끄럽다. 그런데 시끄러워서 못 살겠다가 아니고 가만히 듣고 있으면 별별 생각들을 나게 하여 들을 만도 하다.

장마가 시작된다는 일기예보를 듣고 아파트 베란다 바닥에 대자리를 깔고 일찌감치 자리 잡기를 잘했다. 작은 소반을 꺼내와서 노트북을 올려놓으니 내 살림살이는 다 차려진 셈이다.

여름철에는 비 오는 날이 아니면 온종일 햇볕이 차지하고 범접도 못 하게 접근금지구역이던 베란다를, 장마 덕분에 꿰차고 앉았으니 복 만난 것 같다. 산도 보이고 들도 보이고 차도 보이고 오가는 사람들도 한눈에 다 내려다보여서 가슴이 뻥 뚫리는 것 같고 세상이 다 보이는 것 같아 속이 시원하다. 희뿌연 비안개만 걷혀주면 빗줄기 걷어다가 거문고 현을 걸어 구름 위 신선이 따로 없을 테니 때를 기다릴 참이다.

엊그제만 해도 봄풀만 무성하게 자라서 파랗던 들녘이 온통 흙탕

물이었다. 멀리서 무논 갈이 하는 트랙터가 듬성듬성 자리를 차지하고 꾸물꾸물 맴을 돌더니 드넓은 들판이 황갈색으로 변했다.

모심는 이양기 소리는 들리지도 않더니만 어느새 푸른 잎이 쫑긋쫑긋 옛 기억을 불러온다. 흰옷 입은 남정네들이 누렁이 소를 몰며 쟁기질하던 옛 살던 고향 풍경이 빗속에 펼쳐진다.

가난을 갈아엎는 쟁기를 따라 송아지도 즐거워서 까불거린다. 함지박을 줄줄이 머리에 이고, 미끌미끌한 논두렁을 타고 위태위태한 걸음걸이도 그저 신바람이 났다. 누군가는 둠벙에서 물을 길어오고 또 누군가는 언덕배기 비탈밭에서 들배추 뽑아오면, 또 한 사람은 양은 대야에 박 바가지 엎어놓고 들배추 숭덩숭덩 썰어 소금 슬쩍 뿌려 젓국 장 찔끔 붓고, 고춧가루 철철 뿌려서 버무린 들배추 생 조리개. 침이 꿀꺽 넘어간다. 하라고도 말라고도 말 한마디 없어도 어찌도 그렇게 손발이 척척 맞았을까.

보릿짚 불 냄새 나게 구워온 갈치 한 토막을, 미리 따온 감나무 이파리에 얹어주면 손바닥에 받아 들고, 쌀과 보리 반반 섞인 김 오르는 밥을 들배추 생 조리개 듬뿍 섞어 박 바가지에 쓱쓱 비비면, 질금질금 내리는 장맛비가 국물을 보태어 삶의 진국이 행복으로 질펀하게 버무려졌다.

모내기꾼들의 질박한 웃음소리에, 가을 풍년의 햅쌀밥 냄새가 먼저 알고 무논에서 달려온다.

아침저녁으로 엘리베이터에 빼곡하게 함께 탄 아래위층 사람들의 화장품 냄새보다 그들의 땀 냄새가 더 그리워지는 까닭은 어째서일까.

71
정을 주지 말았어야지

약속한 시각이 20여 분이 지났는데 기척이 없다.

"무슨 일이 있어요?" 하고 전화로 물어볼 수 있으나 누구든 출석하지 않으면 이유를 묻지 않는다. 자유로운 참여다. 참석한 사람이 하나든 둘이든 상관이 없다. 사람 수에 따른 어떤 준비를 따로 할 필요가 없기 때문이다.

오니 안 오니 하면 분위기가 달라질 수 있어 이렇든 저렇든 이유는 묻지 않기로 약속돼 있어 못 오나 보다 하고 출발했다.

교차로에서 신호를 받고 차를 멈추는데 전화가 왔다.

"어떻게, 사정이 그렇다면 어쩔 수 없지" 하고 전화를 끊자, 뒷좌석에서 "왜 급한 사정이라도 생겼답니까?" 하고 다급하게 묻는다.

"사정은 무슨 사정, 강아지를 혼자 두고 나올 수가 없답니다."

뒷좌석에는 60대 중반의 여자 수강생 두 사람이 타고 내 옆으로는 70대 초반의 원로시인이 탔다.

뒷좌석에 50대 후반의 여자 수강생이 한 사람이 더 타기로 되어있는데 갑자기 답사 동행을 하지 못하게 되었다고 온 전화였다.

매주 한나절씩 문학 강의를 듣는 수강생이 기행문 쓰기에 앞서 매월 한 번씩 사적지탐방을 위해 승용차 두 대를 움직인다. 문학 강의니 수강생이니 하면 거창하게 부풀려서 까불거리는 것 같아서 말로는 안 하지만, 글로 쓰자니 달리 적절한 표현이 없어서 부득이 문학 강의라고 쓰긴 하는데 원로 작가 둘에다 신진 작가 두셋과 아직 등단하지 못한 예닐곱 명이 있어 수강생이라고 했다.

 시와 수필을 강의하고 있어 문학 교실이라고 하지만, 함께 공부하는 합평회가 더 걸맞다. 못 온다는 사람은 내로라하는 전문 문학지에 초회 추천을 받고 두 번째 올릴 작품을 준비 중에 애완견을 산 것이다.

 버스정류장에서 집으로 오는 골목길 들머리에 있는 애완견센터의 유리 진열장에 털이 하얀 애완견과 오고 가면서 눈을 맞추는데, 너무 귀엽고 애처롭고 불쌍하게 보이며 '제발 저를 데려가 주세요' 하고 커다랗고 새까만 눈망울에 눈물을 글썽글썽 적시며 애원을 한 것 같아서 몇 날 며칠을 잠을 이루지 못하기도 하고 밥을 먹다가도 유리 진열장에 갇혀 눈물을 흘리고 있는 모습이 눈에 선하여 목이 메어 도저히 밥이 넘어가지 않아서 사 왔다는 것이다.

 지난주에 "강의실에 애완견 데리고 가면 안 될까요?" 해서,

 "생각 깊은 사람들에게 주의를 산만하게 할 건데 당연히 안 되지요" 했더니 지난 시간의 강의도 빠졌다.

 다른 문우들이 그녀의 재능을 부러워할 정도로 글쓰기에 한창 물이 올랐고 지난 초회 추천의 심사평도 널리 알려진 선생님이 "오랜

시간 숙련된 듯하여 앞으로 눈여겨볼 만하다"라고 하셨는데, 다음 작품이 나올지가 사뭇 걱정스럽다.

별것도 아닌 것 같은 작은 변화가 일상에 끼어들어도 삶의 길이 달라진다. 사람과 사람의 만남이야 말할 것도 없지만, 어느 순간의 관심이 동기가 되어 어느새 집중하게 되고 이어서 몰입하게 되면 사는 길이 달라져 버린다.

정을 붙이면 어느 것인들 정들지 않는 것은 없다. 순간의 선택에 일상이 발목을 잡힌 것이다.

"처음부터 정을 주지 말았어야지 하는데 수발이 만만찮은데…" 했더니,

뒷좌석에서 비수가 날았다.

"그 인생도 끝났다."

72
정치에 대한 편견과 편협

국회의원은 국민으로부터 입법부의 권한을 위임받은 대의정치의 대리인들이고, 이들의 집단인 여당이든 야당이든 군소정당까지 모두 국민에 의한 국민의 정당이다.

정당은 국가와 국민을 위한다는 공통분모를 바탕으로 정당정치의 정치 철학과 정책 노선에 의한 구분된 집합체다. 반국가 집단이 아닌 이상 국민의 보호를 받을 권리가 있고, 국민은 질책과 비판과 함께 보호해야 할 의무를 갖는다.

정당은 정책 대결에서 국민의 지지가 앞서면 제1당이 되는 것이고 적으면 후 순위 또는 소멸한다. 하지만 우리는 정책 대결을 두고 지지의 방향으로 삼는 것이 아니라 소속된 정당의 편 가름으로 지지하고 있다. 진영이념이 극심한 현실이다.

정책이야 어떻든 본인이 소속된 당이면 무조건 지지하고 응원하며 선거에서도 소속 정당의 공천자에게 무조건 투표한다. 그래서 여태껏 총선의 결과는 후보자 대결이 아니라 당과 당의 세력 경쟁으로 국회가 구성되었다.

그뿐만 아니라 정책 노선이 불분명한데도 애써 보수니 진보니 하며 편을 가른다. 영구집권을 위해 국민을 이간시키고 있다. 자유당 장기집권이나 군사혁명의 유신정권이나 신군부의 전두환 정권에서는 숨을 죽이면서도 노선대결이 생사를 가르기도 했다. 지금은 내놓고 표현하는 시대지만, 정치적 노선을 두고 격돌하지 않는 것은 어느 정도 정치적 노선개념에는 안정적이라고 볼 수 있다.

보혁의 갈등은 정치학에서의 단골 메뉴로서 보수와 혁신의 갈등이지 보수와 진보는 갈등의 상대가 아니다. 진보는 빠른 걸음이고 보수는 더딘 걸음이다. 가는 방향이 같아서 갈등의 상대가 아닌데도 우리는 좌우 대립 관계로 인식하고 있다.

보수와 혁신의 대립이 '보혁의 갈등'이다. 혁신은 현재의 것을 개혁하겠다는 것이고 보수는 이를 지키겠다는 수구 쪽의 의미지만, 우리의 정당은 극우나 극좌도 아니다. 극우와 극좌의 다툼을 주변국에서 수없이 보아온 우리다. 우리는 극우든 극좌든 그 어느 쪽도 원하지 않는다. 그래서, 국민의 정치적 개성의 흐름은 유순한데 진영논리에 따른 대립은 심각하게 날을 세우며 맞서고 있다. 이는 국민의 정치적 의식 수준을 읽고 있는 정치인들의 직접적인 부추김 때문이고 다음으로 언론매체들의 부채질 때문이다.

정치적 편견과 편협은 정치발전의 심각한 해악으로 국민을 분열시킨다. 스스로는 진영의 편 가름에 의한 편견과 편협에 함몰된 것은 아닌지 한 걸음 물러서서 자성해 볼 일이다.

73

정치인들의 현수막

도로 양편으로 정당이나 정치인들이 내건 현수막들이 그들끼리 껍죽거리며 난리다. 눈치 보며 넌지시 으스대다가 대놓고 우쭐거리는 것도 볼썽사납고 야금야금 간을 보듯 집적거리다가 때를 만난 듯이 막 대놓고 들쑤시는 것도 속이 보인다. 이쪽이든 저쪽이든 똥 묻은 개가 겨 묻은 개 나무라듯이 대놓고 마주 짖는다.

소시민들은 양심에 순종하지 위선과는 영합하지 않는다. 따라서 할 소리 안 할 소리 가리는데 정당 현수막은 서로가 게거품을 물고 난리다. 남강에 잉어가 뛰니까 촉석루의 목침도 따라 뛰고 개 한 마리가 짖으니까 동네 개가 다 따라 짖는다. 속 시끄럽고 어지럽다. 현역들이 더하다. 정작 입을 열어야 할 때는 입을 다물고 있었다. 옳고 그름의 구분이 아니라 상대가 누구냐에 따라 달라진다. 이유 있는 침묵이다.

불꽃놀이의 뒤끝같이 허망하게 끝나버린 윤석열 정권이 태어난 것은 사법개혁이 발화점이다. 문재인 정권이 사법개혁을 내걸 때도 아무 말 안 했다. 그들이 고위층이고 초록이 동색이라 내심의 미소만 지었다. 기회로 삼은 문 대통령은 조국을 발탁 기용했다. 더 나아가 법무부 장관으로 밀어붙여 오발탄이 되었고 추미애 불발탄에 이어 박범계 공포탄으로 이어져 뜬금없는 윤석열 정권이 태어난 것이다.

  검찰개혁이 불러온 수렁에 애먼 국민만 빠뜨려 허우적거리게 했다. 그런데도 이 정권이 검찰청을 없앤다는데 섶을 지고 불로 뛰어든 것 같이 걱정스럽다. 헌집고치기 하다가 더 큰 일 낼까 봐 걱정스럽다. 본래 대로가 소시민은 더 좋다. 검찰이 정치권의 권력자와 고위층에게 저승사자였을지는 몰라도 소시민에게는 구세주였고 해결사였다. 호랑이가 있을 때는 멧돼지가 농민들을 괴롭히지 않았다.

  말을 해야 할 때 침묵하는 그들. 의료개혁이 불붙을 때도 아무 말 안 했고 죽을 만큼 죽게 하고 도로 아미타불이 되어도 아무 말 안 한다. 국민의 대변자가 맞기나 한가.

  침묵하는 배신자들. 괘씸하다. 속는 것도 조조 군사고 죽는 것도 조조 군사라더니 속 모르는 국민은 분하고 억울하여 죽을 판인데, 돌아앉아 면벽참선하고 묵언수행 중이면서 지역구 유권자에게 잊히면 안 되니까 존재감을 내세우며 낯내기 위한 수단으로 내건 현수막이 제 속 배앓이로 구역질을 하고 있어 보는 이를 역겹게 한다.

  할 소리 안 할 소리 가려야 하고 때와 장소도 가려야 한다. 국민의 대변인으로서 국회서 할 소리를 왜 현수막에 대고 하나. 국민의 알 권리를 위한 것처럼 하며 국민을 편으로 가르기 위해 이간질하려는 수단으로 삼고 있다.

국민의 대리인답게 의정에서 척결하든 타결하든 국회서 해결할 사안이지 현수막에 내걸 내용도 아니다. 침소봉대하며 여론을 부채질하여 낯내기의 수단으로 삼을 것이 아니라 지역 현안이나 국익을 위한 입안 발의에 대한 성원을 구할 때 내걸어야 옳다. 정치인의 길거리 현수막, 지역민의 분열을 조장하며 정서만 날 서게 한다.

74
진위 다툼의 허와 실

 세상사에는 크고 작은 일들로 진위를 가려야 하거나 사실 여부를 밝혀야 하는 경우가 많다. 참과 거짓이 서로 맞서다 보면 답해야 하는 쪽이 버선 속같이 확 뒤집어서 보일 수가 없을 때면 난감하다. 사실을 인정하지 않으려는 상대방에게 진실임을 알릴 방법이 없어서다. 다투자니 물증이 있어야 하고 물러서자니 사실이 아닌 것을 인정하는 꼴이 되어 억울하고 분하다.

 끝없는 진실 공방이 이어지는 시간과 공간 속에서 시간만 흘러가면 아무리 진실이고 옳은 것이라도 대세에 밀리면 속절없이 덮어쓰고 만다. 누명이다. 이것이 세력과 풍문의 속성이고 여론의 흠결이다. 개인적인 문제의 다툼이라면 스스로 부덕의 소치라며 물러섰다가 때를 기다릴 수도 있지만, 공동체에서 발생한 일이라면 물러설 수도 없다. 억울함이다.
 이러지도 저러지도 못하고 사필귀정이라며 세상의 이치를 믿고 자신을 달래보지만, 심신이 피폐해지는 것은 정도의 차이일 뿐 피할 길이 없다. 하늘도 신도 원망스럽기는 마찬가지다.

개인적인 문제는 당사자와는 맞닥뜨리지 않으면 피할 수가 있지만, 공동체의 공익적 문제라면 주변의 눈길을 피할 수 없다. 서서히 신뢰감도 잃게 되고 따라서 명예도 잃게 된다. 관계가 이반되어 쌓아온 공적도 소멸되고 대면조차 기피한다. 풍문은 숙고하지 않고 여론은 재고하지 않는다. 분함이다.

답하라 해서 답을 하면 변명이 된다. 억울함이다. 사실이 아니라는 것을 설명하면 변명으로 듣고 대꾸하지 않으면 인정해 버린다. 관계인들이 나서주고 대질이라도 하면 좋은데 그들이 안 해주면 고스란히 뒤집어쓰고 속절없이 내몰린다. 누명이다.

억울해서 항변으로 상대방에게 증거제시를 하라고 맞서면 인책 사유를 들이댄다. 막무가내다. 물증이 없으면 심증만으로 밀어붙인다. 지켜보는 사람들은 침묵한다. 소득 없는 일에 후일이 염려되어 몸을 사린다. 하지만 나가서는 여론의 전파자가 된다. 끝까지 침묵해 주지 않는다.

진위의 가름이 분명하지 않으면 내몰린 쪽을 편들지 않는다. 세인들의 속성이다.

법정에서 다툼을 가릴 일이 아닐 때가 문제다. 사소한 일상이기 때문이다. 그래도 피해자는 치욕스럽다. 하늘이 알고 땅이 안다고 가슴을 친다. 탄식이다.

믿을 곳이 없고 기댈 곳도 없다.

하늘이 무심하다고 원망한다. 한탄이다.

어떤 단체에서든 너무 잘하려는 것이 언제나 화근이다. 충신이 열이면 역적도 열이라고 했듯이 어디든 맞서는 쪽이 있다. 다툼의 진위는 사필귀정이 마련이라고 하지만 그때가 언제 올지 모른다. 세상은 혼잡하여 아수라장이고 인생은 언제나 외줄 타기다.

75

천지개벽의 시대

천지개벽의 시대다. 하늘과 땅이 처음으로 열린다는 뜻이지만 요즘은 하늘과 땅이 뒤집어 엎어진다는 뜻으로 순리도 뭉개지고 순서도 없어지고 원칙도 없고 기준이 없어 심히 불안하다.

그래서 뭐든지 하던 대로 하면 더 이상의 탈은 없다. 하지만 진전도 발전도 없다는 것 때문에 개선하고 개혁하고 혁신하며 때로는 혁파도 한다. 그런데 과도하게 시도하거나 무리하게 서두르면 역작용이나 부작용으로 오히려 피해를 보거나 낭패를 보기도 한다. 그래서 옛말에 과하면 모자람만 못하다고 했다. 그런데 요새는 걸핏하면 확 뒤집어 버리려는 성향이 일고 있다. 마구잡이로 덤빈다.

제일 먼저 남녀 성 구분이 개벽했다. 동성애도 동성혼도 할 수 있고 아비의 성을 받든 어미의 성을 받는 마음대로다. 형제자매가 성을 다르게 호적에 올릴 수 있다. 8촌 간에도 혼인할 수 있다. 서로 좋으면 그만이지 뭐 어때서다.

남녀 간의 혼전 동거도 계약 기간을 약정하여 성행하고 있다. 살아봐서 결혼을 해도 되겠는가를 판단하겠다는 거다. 충분한 실험 과정을 거친다며 아주 합리적이란다.

결혼은 하되 아이는 안 낳는다. 시간을 뺏기고 키우기 힘들고 앞날의 보장이 없어서란다. 자유를 마음껏 누리는 현실적이고 실리적 선택이란다. 천지개벽이다.

국회의원 한 번 안 해도 비상대책위원장도 하고 당 대표도 한다. 헌법과 법률을 제·개정하는 입법부인 국회가 당 운영 문제를 법원의 판결을 받아야 했고 집권 여당이 '이준석의 난'으로 쩔쩔매고 있다. 집권 여당이 허깨비가 되고 이준석은 도깨비가 되었다.

학식은 숙성되지 않으면 지혜가 되지 못한다. 한갓 재주일 뿐이다. 덕이 없는 기술자다. 옳고 그름도 가를 시기가 있다. 국태민안이 우선이다.

정치는 현실이라는 속박 때문에 논리적이지 못하여 공식이 없다. 없는 공식을 공식으로 설립시켜서 국민을 편히 잘 살게 하는 결과를 도출해야 한다. 옳은 것은 옳다고 주장하는 것도 맞다. 그렇게 하는 것도 옳다. 하지만 주장이 국정에 분란이 되어 국민에게 고통을 주어서는 안 된다. 때를 기다려야 한다. 후일을 도모한다거나 사필귀정을 7믿고 기다리다가 고사할 수도 있다. 국가와 국민을 위한 희생이다. 정치인의 목적이다.

나를 버리지 못하면 정치를 해서는 안 된다. 국정 혼란이 확산되면 주장이든 추진이든 멈춰야 한다. 안정이 우선이다. 어쩌자고 국민의 심리가 각자의 마음에 안 들면 때려 엎어버리자는, 막가자는 성향으로 변화하고 있는지 알 수가 없다.

탓은 네 탓이고 마음은 내 마음이라는 식이다. 문제다.

자동차보험도 자동차로 인한 사고 말고도 길을 걷다가 넘어져 다쳐도 보험처리가 된다. 만능 보험이다. 농협도 은행 업무도 하고 보험사업도 하고 냉장고도 팔고 속옷도 팔고 생선회도 팔고 김밥도 팔고 주유소도 하고 변호사업도 하고 한방치료도 한다. 원칙도 기준도 없다.

학생이 선생님의 멱살도 잡고 욕도 하고 폭행도 하고 누어서 수업을 듣기도 한다. 개가 침대에서 주인과 한 이불 덮고 잔다. 상전이다.

원칙과 기준이 없으면 개판이라고 했는데 요즘 세상이 개판이다.

76
청와대를 되찾은 유공자들

누가 달라고 했나. 누가 보고 싶다고 했나. 단 한 사람도 내놓으라고 한 사실이 없다. 청와대를 국민에게 돌려주고 돌려받겠다고 누구와 약속했나. 약속은 상대방과의 합의로써 이루어지는 계약이다. 국민에게 돌려주기로 약속했다는데 당사자인 국민이 모르는 약속이니 환장할 노릇이다.

청와대는 국민의 뜻과 돈으로 만든 대통령의 집무실이고 국빈의 영접과 접견을 위한 외국에 대한 국가원수의 주체성과 존엄성과 상징성을 대표하는 접견실이며 국군통수권자로서 국가안보의 총괄 본부이기도 하다. 또한, 내외신 기자들이 상주하는 언론소통의 터미널인 프레스센터이고, 대통령의 경호에 만전을 기할 수 있는 관저까지 있다. 따라서 갖출 것을 다 갖추고 있는 곳이다.

애초 국민의 관광지였던 것을 전직 대통령들이 74년간이나 무단점유를 하고 있어 국민이 돌려달라고 차마 말을 못 하고 속을 끓여왔단 말인가.

국민과의 약속이므로 청와대를 국민에게 돌려주겠다는 윤 대통령의 속내보다 관람자의 속을 더 모를 일이다. 대통령선거 때는 윤 후보를 죽어라 하고 미워하며 낙선에 열을 올리던 사람이 청와대가 개방되자 관광버스를 전세 내서 앞다투어 관람하고 오는 것을 보고 어떤 해석을 해야 하나. 윤 대통령의 알 수 없는 속내를 합리화로 성립시켜 준 일등 공신이자 유공자다.

청와대를 관광지로 돌려받지 못하여 그토록 애를 태우고 있었다는 꼴인데, 말 못 하고 애태운 그 속을 꿰뚫고 있었으니 윤 대통령이 도사다.

다음 대통령은 용산 집무실도 내놓아야 할 것 같다. 그뿐만 아니라 이번 기회에 도청도 내놓고 시청도 내놓으라고 하면 어떨까. 이번 유공자들이 앞장서면 안 될 것도 없을 것 같다. 원칙과 기준이 무너지면 혼돈과 혼란이 따른다. 주더라도 받을 것이 있고 받지 않아야 할 것이 있다.

원칙과 기준을 무너뜨리지 않으려고 지조를 지키기 위해 목숨까지 바쳐온 선현들은 뭐라고 할까.

경남 고성의 학동마을에는 서비 최우순 선생 순의비가 있고 서비정이 있다. 일제 천왕이 하사한다는 은사금을 받으라고 강요해도 이를 받지 않겠다고 버티자, 헌병들이 야밤에 선생을 체포하려고 왔을 때 날이 밝으면 가자 하고 새벽녘에 음독 자결하셨다. 은사금으로 전답을 샀으면 소작인 수십 여 명을 더 거느릴 수 있는 거금을 주겠다는 것을 끝내 안 받겠다며 생을 마감하셨다.

'그때는 그때이고 내 좋으면 그뿐이다.'

이건 아니어야 한다.

"우리는 청와대를 돌려달라고 한 사실이 없습니다" 하고 한 사람도 청와대 관람을 가지 않았더라면 어떻게 달라졌을까. 청와대를 돌려받은 유공자들은 할 말이 없겠지만, 아닌 국민은 용산 대통령실이 얼마나 길게 갈까를 염려한다.

77

친절한 불한당

    8시 30분에 사무실 현관 앞에 차를 세우고 한참을 앉아있었다. 날씨는 쾌청한데 하루의 시작인 아침 기분이 말이 아니어서다.
    D-다이렉트 자동차보험의 알림톡이 간밤 0시 30분에 잠들지 못하게 하더니 새벽 3시 30분에는 잠을 깨웠다. 다시 잠들이지 못해서 애를 먹었다. 작년 이맘때도 꼬박 두 달을 시달렸는데 또 이러니까 부아가 치밀어 올랐다.

    자동차보험 만기일이 7월 31일인데 5월 초부터 하루에 여남은 번도 넘게 자동차보험 만료일 알림 문자가 날아온다. 며칠 전부터는 시도 때도 없이 보내온다. 작년에도 그래서 제발 문자메시지 보내지 말라고 통사정을 했다. 통사정이라도 할 수 있었던 것도 천운이었다. 요즘은 신규 가입 말고는 어떤 상대든 상담사와 연결이 되려면 천운을 타고나야 하는 세상이다.
    알량한 ARS의 기계음이 이것 누르시오, 저것 누르시오, 하며 마치 애완견 길들이듯이 골을 먹이다가 재미없어지면 방식을 바꾸듯이 본인인증 받으라고 이것저것 실컷 부려 먹고 싫증이 나면 지금은 통화

량이 많아서 상담사와 연결이 어려우니 나중에 다시 하라며 뚝! 끊어 버린다.

진즉에 메시지 알림톡의 소리음을 차단했어야 했는데 그러고 싶지 않았다. 누구이든 소통은 제 시각에 하고 싶어서였다. 세상과 열린 소통, 이 얼마나 좋은 세상이며 멋진 시대인가. 한껏 누리며 살고 싶어서다. 회답 편지 한 통을 받기 위해 달포를 기다리며 우체부의 자전거 벨 소리를 얼마나 귀 기울이며 살아왔던가. 공중전화 부스 앞에 줄을 서서 기다리며 '통화는 간단히'라는 안내문을 읽고 또 읽기를 얼마나 하였던가.

큰고모의 당질이고 동갑내기라서 방학 때에 고모 집에 가면 잠깐씩 만나게 되었던 그의 죽음을 지금도 잊지 못한다. 가난을 끼고 살며 도시락도 제대로 못 가지고 다니던 고등학교를 가까스로 마칠 무렵 해군사관학교의 합격통지서는 기다리고 기다려도 오지 않았다. 마을 앞 논배미의 들머리에 그의 유품이 다 타고 실낱같은 연기마저 끊기려는데 우체부의 빨간 자전거가 마을로 들어왔다. 그의 집을 물으며 합격통지서라는 말에 부지깽이를 든 고모는 꽁꽁 얼어붙은 논바닥에 무너지듯 털썩 주저앉고 말았다고 했다.
우편물이 우체국에서 우체국으로 이송되는 데는 며칠이 걸리는지도 모르며 시골의 외진 마을에는 일주일에 한 번 정도 우편을 모아서 배달하던 때다. 그것은 이유 있는 차단이 아니고 두절도 단절도 아니며 당시의 한계로서는 신속한 소통이었다.

빛의 속도보다 더 빠른 요즘은 즉시 즉석에서 지구촌 어디든 누구든 얼굴까지 보여주며 소통한다. 이 문명을 한껏 누리고 싶어 어떤 것도 차단하고 싶지 않다. 스마트 폰 하나만은 저승까지라도 가지고 가고 싶은 문명의 이기가 아닌가. 발신 쪽도 이기고 수신 쪽도 이기이면 좋으련만 일방적 발신이 부아를 채운다.

성가시고 귀찮다고 나와 관련 없는 것들 모두를 삭제하고 거절 거부하면 속이 얼마나 편할까를 생각지 않는 것은 아니지만 차단하고 거절하면 영역 밖의 세상과는 단절이다. 간섭하지도 간섭받지도 않으면서 각종 매장에나 다니는 것에 걸림돌만 없으면 사는 게 수월하겠다는 생각도 가끔은 해보지만 세상 사는 맛은 아무래도 아닐 것 같다.

절해고도의 삶이 아니기를 바라며 산다. 얼키설키 얽혀서 비비대고 부대끼며 사는 것이 살맛 나는 세상인가 싶은데 내 좋으면 남 생각 않는 현실이 안타깝다. 서로의 처지가 얼마든지 다를 수 있고 이를 인정하는 역지사지의 인성이 정말 아쉬운 세상이다.

작년 이맘때는 천운이 있었든지 아니면 운수대통한 날이든지 상담사와 연결이 되었다. 따지고 보면 운수대통도 내가 만든 것이다. 당신들 못지않게 나도 IQ가 보통 이상으로 높으니까 당신들이 잔재주를 부리면 별수 없이 나도 부려야지 하고 변경 또는 취소를 위한 버튼을 누르지 않고 신규 가입 버튼을 눌렀더니 오래 걸리지 않고 상담사와 연결이 되어 '한밤중에 문자메시지가 계속해서 온다'라고 했더니 담당 부서로 직접 연결해 줬기 때문이다.

'밤중이든 새벽이든 시도 때도 없이 문자메시지를 확인하느라 일도 못 하게 하고 잠도 못 자게 하니 20여 년 단골 가입자니까 만기일 안에 잊지 않고 갱신을 하겠으니 제발 문자메시지 보내지 말라고 통사정을 했더니 담당자에게 발신 시각을 확인해 보겠다고 하더니 금방 미안하다면서 조치를 하겠다고 했다.

이후로는 밤중에는 문자메시지가 오지 않았는데 해가 바뀌고 5월이 되고부터 또 시작이다. 0시 30분이면 한밤중이고 새벽 3시 30분이면 깊이 잠든 시각이다. 무슨 급한 일인가 하고 전화기를 더듬어 확인하니까 D-다이렉트 자동차보험에서 '고객님께 지급된 가입 프로모션 쿠폰이 곧 소멸돼요'라며 지금 곧 확인해 보라는 문자메시지다. 고객에게 지급된 3만 원 쿠폰이 곧 소멸된다고 보험갱신을 하라는 친절한 문자메시지다. 새벽잠도 안 자고 알려준다고 문자를 보내주었으니 이렇게 친절하고 고마울 수가 있나. 이왕이면 눈물 나게 고맙게 간이라도 뽑아서 그 시각에 보내주었으면 더 좋았을 것이다.

새벽잠을 몰수당하고 입안이 껄끄러워 모래알 같은 아침밥은 먹는 둥 마는 둥 하고 휴대폰을 차고앉았다. 제발 하고 야심한 밤에 문자메시지 보내지 말라고 문자를 보냈더니 '앗! 아직 그런 학습은 받지 못했습니다'라고 챗봇이 답을 했다. 아예 염장을 질러라 이 불한당아! 무식한 AI의 쇳덩어리를 붙잡고 말을 하느니 차라리 바윗돌을 붙들고 통사정을 하지 하고 20여 년 단골은 핸드폰을 살살이 뒤적여서 알림톡의 소리음을 모두 차단해 버렸다.

78

폭염 횡포

 간밤 새벽녘에는 홑이불이 얇다 싶었는데 해뜨기가 무섭게 삶아댄다. 찜솥도 찜솥 나름이지 어쩌자고 없는 사람을 이렇게 삶아대는지 해도 해도 너무한다.
 뭐든 지나치면 미움을 산다. 몇 해를 거쳐 깐작깐작 간을 보더니 해보자고 든다. 막가자고 드니까 덜 가진 사람은 정말 힘들다. 이래저래 사는 것도 버거운데 엎어진 사람 꼭뒤 차는 격이다. 매몰차게 볶아대는 숨은 뜻은 뭔가?

 하늘이 저마다 재능을 줄 때는 공존의 조화를 이루라고 주었지 약자에게 군림하며 양껏 우쭐거리라고 준 것이 아니다. 재능을 유익하게 쓰면 능력으로 존중받지만 과시하면 횡포로 여겨 증오심을 불러온다. 하늘의 뜻에 버금가는 재능을 가졌다고 힘겨운 사람 다 태워버리겠다는 심보는 도대체 뭔가.
 여유로운 사람이야 네깟 것쯤이야 하고 안중에도 없지만, 덜 가지고 덜 갖춘 사람들은 춘하추동 등이 휘도록 일하며 흙 파먹고 사는 사람은 초근목피라도 튼실하게 해달라고 하늘같이 받드는데도 그래도 심에 차지 않는다는 것은 무슨 심보인가. 가진 사람들은 너 하는 짓거리 보기 싫으면 비행기 타고 어디든 나가면 되지만 없는 사람은 너 손안에서 살아남아야 하는데 생살여탈권을 한껏 부려보겠다는 식은 무슨 심사인가.

하늘이 네게 볕살 쏘는 재주를 줄 때는 사람 살리라고 주었지 볶아 죽이라고 준 것이 아니다. 싹도 틔우고 새잎도 키워서 튼실하게 자라서 가지마다 꽃 피우고 열매 맺게 하라고 네게 재주를 준 것이지 끗발 부려서 명줄 잡고 쥐락펴락하고 재주를 준 것이 아니다.

봄볕은 새싹 틔우라고 보냈고 여름 볕은 잎이고 줄기고 튼실하게 키우라고 보냈지 재주 과시하며 횡포 부리라고 준 것이 아니다.

불 좋아서 불만 쫓아다니는 부나비는 불에 타서 죽는다. 볕살 쏘는 재미에 도취하여 삼라만상을 다 태우려 들면 너도 탄다는 것을 알아야 한다. 재주를 지나치게 부리면 횡포가 되고 횡포가 지나치면 자멸이 온다. 이치를 깨달아야 순리를 알고 순리를 알아야 정도를 지킨다.

웬만해야지 이건 아니다. 남해 연안 양식장 어류 다 뒤집어 놓고, 죽기 살기로 버티면서 다 지은 농사, 채소고 과일이고 지레 삶아놓고 닭과 오리는 헐떡대다 숨 끊어지는데 도대체 네 속엔 뭐가 들어앉았나?

정도의 차이야 있겠지 했는데 이건 심하다. 그렇게 용광로 같은 열기를 어디다 숨겨 놓고 시치미를 뗐었나. 이보다 더한 것도 감추고 있는 게 분명하다. 그렇게 감쪽같이 속일 수가 있나.

뙤약볕이 들볶아도 그러려니 하고 밤이슬이 차가워도 그런가 하며, 군말 없이 살아가는 국민이 가상하지 않은가. 어리석은 백성들이 잘도 속아주니까 배 두들기며 희희낙락하겠다지만 길게 가지는 못할 것이다. 하늘의 이치가 시퍼렇게 살아있어 그냥 두지 않을 거다. 찬 이슬 내리고 무서리 된서리 하얗게 내릴 날이 머지않았다.

79

하늘은 알고 있다

급한 불부터 먼저 끄라는 말이 있다. 피해가 커질 수 있는 화급한 요소부터 없애자는 뜻이다.

오송 지하차도의 참사로 생때같은 죽음이 14명이다. 급한 불을 안 꺼서다. 신고를 받은 즉시 차량 진입을 막았더라면 인명 피해는 일어날 수가 없다. 그리만 했더라면 원통하고 억울한 죽음도 없었고, 애통 절통해야 할 유족도 없었을 것이며, 네 탓 내 탓 따질 이유도 없고, 국민이 분통 터트릴 이유도 없고, 왕배야 덕배야 하는 정부의 추한 모습을 보지 않아도 되었을 것이다.

논리도 해법도 참으로 희한하다. 왜 차량 진입을 신속하게 통제하지 못했는가를 따져야 할 일인데 왜 물이 넘쳤느냐를 물고 늘어져 국민의 진을 빼게 한다. 참으로 괴상망측한 논리가 물난리보다 더 난리다. 나라의 앞날이 걱정스럽다.

오송 지하차도 참사는 물이 제방을 넘어서란다. 물론 물이 제방을 넘지 않으면 아무 일이 없었을 것인데 물이 넘친 것이 원인이다. 그렇다면 물이 잘못했네. '맞다'.

보수공사 중이든 아니든 물이 안 넘쳤으면 사고 안 났을 것이다. '맞다'.

그러니까 인책 사유가 물이 넘쳤다는 데 있는 것이니까 원인제공을 물이 했다. '맞다'.

넘친 물도 억울하다. 비가 많이 와서다. '맞다'.

그러면 비가 죽일 놈이네. '맞다'

비도 억울하다. 하늘이 내려보내서 왔다. '맞다'.

그러면 하늘이 죽일 놈이네. '맞다'.

이렇게 해야 정부가 풀어내는 논리에 맞다. 기상천외한 해괴망측한 논리다.

신고를 받고 즉시 차량 통제만 했더라면 우리는 지금 다른 일을 하고 있을 거다. 네 탓 내 탓 따질 이유도 없다. 길은 오가라고 만들어졌다. 이태원 참사도 길을 가다가 참담한 사고를 당했고 오송 지하차도 참사도 길을 가다가 당한 참사다.

부산 초량동 지하차도 침수 참사 사건을 까맣게 잊고 있지만 3년 전인 2020년 7월에 차량 7대가 침수돼 9명의 사상자를 낸 참사다. 사후 수습은 제아무리 잘해도 뒤처리일 뿐이지 사건 이전으로 되돌릴 수 없다. 예방 다음으로 대처를 해야 하고 다음이 수습이고 대책이다. 대처는 안 해놓고 무슨 딴소리?

그렇다면 부산 지하차도 침수 참사는 배수펌프가 죽일 놈이었고, 이태원 참사는 길을 만든 사람이 죽일 놈이고, 이번 오송 지하차도 침수 참사는 하늘이 죽일 놈이다.

 국민은 그렇게 알고 있으면 된다는 건가. 이태원 참사도 우리 정부는 잘못이 없어 책임진 사람이 없다. 이번 오송 지하차도 참사도 정부에서는 잘못이 없으니까 책임을 묻지도 않을 것이고 책임을 지지도 않겠다는 뜻이다.

 오로지 잘못한 하늘의 책임이다. '맞다' 하면 그렇다고 답할 우리 정부의 민낯. 황당한 논리와 해괴한 해법. 하늘은 알고 있다.

80

핵무장이 절실하다

　우크라이나의 전쟁을 지켜보는 각국의 반응은 제각각이다. 나토 가입국인 유럽과 미국은 같은 생각이겠지만 중국과 북한은 온몸이 뻑적지근하여 근질근질할지도 모른다.
　남중국해를 말끔하게 정비하고 타이완을 접수해서 하나의 중국이라는 지상목표를 이루고 싶어서 몸풀기를 준비하고 있는지도 모른다. 우리가 그 속을 어찌 알겠냐만 우리는 미국만 쳐다보고 있다. 그러면서도 자꾸만 미사일을 쏘아대는 북한의 움직임에 촉각을 곤두세운다. 우리가 믿을 곳이라야 미국밖에 없는데 미국이 러시아에 대해 어떻게 대응할 것이며 그 결과는 또 어떻게 나올지가 궁금하여 목이 탄다.

　일명 죽음의 백조라고 불리는 미국의 최신예 대형폭격기인 B1-B가 북한 영공을 날아도 모르던 때에는 북한 김정은은 당시 미 트럼프 대통령에게 체제보장과 자신의 신변 안전을 구걸할 만큼 절박한 상황까지 갔었는데 지금은 털끝 하나라도 건드리기만 해보라는 식으로 상황이 뒤바뀌어 버렸다.

러시아를 가까이 두고 중국을 업은 북한이 미국 본토까지 사정거리에 둔 핵무기를 갖추었기 때문이다. 한마디로 겁날 것이 없다는 상황까지 와버렸다.

북한이 핵무장을 할 때까지 우리는 뭘 했나. 한반도의 비핵화, 남북의 평화협정만을 이루자며 두 손 재배하고 북미회담의 결과만 지켜보고 있었다.

당사국인 우리는 대비를 전혀 하지 않았다. 북한 김정은은 안 좋은 상황이 올 때를 대비했고 우리는 좋은 상황이 올 때를 대비했다. 대비는 좋은 상황이 왔을 때를 위해 대비하는 것이 아니라 만에 하나 안 좋은 상황이 올 때를 위해 미리 준비하는 것이 대비다. 두 손 모아서 기도만 한다고 되는 것은 아니고 기도도 하면서 몸으로 뛰어야 바라는 것을 얻을 수 있는 것이다.

우크라이나는 경제적 지원을 약속받고 핵무기 전부를 러시아에 넘겨주었다. 우크라이나는 러시아와의 약속대로 비핵화를 했다. 결과는 러시아의 일방적인 침공이다. 지금 우리가 눈으로 보는 현실이다.
북한은 핵무장을 하고 우리는 비핵화하고? 무슨 경우인가?
핵확산방지조약(NPT)은 분명한 불평등조약이다. 그래서 조약의 제10조1항에 '각 당사국은 당사국의 주권을 행사함에 있어서 본 조약상의 문제에 관련되는 비상사태가 자국의 지상 이익을 위태롭게 할 경우에는 본 조약에서 탈퇴할 수 있는 권리를 가진다'라고 예외규정을 두었다. 북한의 핵으로부터 위협받고 있는 우리와 같은 처지를 두고

한 예외규정이다. 우리는 누구의 눈치를 보고 있나?

인도와 파키스탄은 각자의 핵을 그대로 보유하고 갈라섰고, 러시아와 우크라이나는 우크라이나가 핵을 러시아에 넘겨주고 경제자원과 바꾸었다. 인도와 파키스탄은 국경의 접경지에서 자잘한 충돌이 당시에는 시도 때도 없이 일어나고 있었으나 서로가 균등한 핵을 보유하고 있어 서로를 어찌하지 못하고 상호견제가 확고하다.

반면에 우크라이나는 어떤가? 전면전으로 침공을 당하고 있다. 우크라이나도 파키스탄처럼 핵을 넘겨주지 않았더라면 과연 러시아가 우크라이나에 대한 전면을 펼쳤을까?

핵은 핵으로만 견제할 수 있다. 제발 후세를 위하여서라도 우리는 핵을 가져야 한다. 미 트럼프 대통령은 한국은 돈을 많이 벌고 잘사는 나라라며 지상 방어는 자체적으로 하라며 방위비 부담도 대폭 올리겠다고 한다. 주한 미군 감축도 머지않을 것 같다.

소련에 속지 말고 미국을 믿지 말라던 옛말이 예사말이 아닌 것 같다.

81

현충일

유월이 되면 향불의 내음이 가슴을 아리게 한다. 실낱같이 하늘하늘 타오르는 향불의 연기는 그만이 아는 그 어딘가를 향해 가물거리며 사라진다.

북진하던 그들을 찾아 어딘가로 가는 걸까. 군번 없는 용사를 찾아 깊은 골로 가는 걸까. 향 내음이 가슴을 후빈다.

'낙동강아! 잘 있거라 우리는 전진한다.'

지금쯤 어디만큼 가고 있을까. 아직도 돌아오지 못하는 그들은 어느 골짜기에 몸을 뉘었을까. 향불의 연기가 눈시울을 적시건만 아직도 돌아오지 못한 생때같은 젊은 그들은 가고 없다.

가을걷이할 때면 온다던 아들이었고 땔나무 떨어지기 전에는 오겠다던 남편이었으며 첫눈 오기 전에 온다던 오라버니였고 졸업식에는 참석하겠다던 형이었으며 삼촌이었다. 기다리던 부모는 눈을 못 감고 먼 길 떠나셨고, 손수건 꼬깃꼬깃 쥐고 충혼탑 앞에 줄지어 앉았던 소복 차림의 그들은 베갯잇 적신 기나긴 밤이 세월이었다.

하늘에서는 만날까 하고 군사우편 챙기는 마지막 단장이 어여쁘게 서럽다.

　스물한 발의 조총 소리에 깜짝깜짝 놀라던 아이는 아버지의 얼굴도 모른 채 백발이 되었으나 '아버지!' 하고 한 번만이라도 불러보고 싶었던 그 속을 누가 알랴. 땀인 척 눈물을 닦는다.

　트럼펫 소리가 가슴을 울린다. 원한의 북받침이고 통곡의 몸부림이며 한 맺힌 서러움이다. 포연이 자욱했던 이름 모를 골짜기에는 초연은 사라지고 초목이 우거져 세월이 무정해도 산화한 용사의 넋을 달래는 유월의 하늘을 향한 트럼펫 소리가 능선을 타고 울려 퍼진다.
　지난날, 수십만 용사들이 선혈로 지켜온 우리의 산하, 그들이 못다한 것은 우리들의 몫이다. 잊어서는 안 될 그들의 이름이고 몰라서는 안 될 그들의 아픔이며 무심할 수 없는 그들의 유족이다. 그들의 희생이 오늘의 우리이며 그들의 명예는 우리들의 영광이고 그들의 숭고함은 우리들의 삶이다.

　누구였기에 우리를 위하여 목숨을 바쳤으며 무엇을 얻고자 앞서 나갔으며 무엇을 우리에게 맡겼나를 잊어서는 안 될 우리이다. 당신들의 아들이었고 형제였고 남편이었으며 아버지였던 그들은 우리의 선열이시고 거룩한 호국의 영령이시다. 가슴마다 타오르는 향불의 연기로 그들의 명복을 빌며 집집이 태극기 내걸고 숭고한 임의 뜻을 되새기며 머리 숙여 기림의 예를 갖춰야 할 현충일이다. 유지를 받들어 성취를 맹세하며 숙연히 향을 사른다.

82
환자 수를 줄일까요

"의사들이 집단행동으로 의료 인력 확대를 가로막는 나라는 한국뿐이다."

프랑스 등 각국의 의사 파업에 대해 연구한 모 대학 보건행정학과 교수의 말이다. 의대생 증원을 두고 가타부타하는 나라는 없고 급여 인상 또는 근무 시간 조정 등 처우개선 요구가 그들 나라의 파업 목적이다.

일본은 10년에 걸쳐 의사 4만 3천 명을 늘렸는데 일본 의사협회나 의사들이 반발하거나 집단행동을 하지 않았다. 의사협회와 의대생 증원을 두고 협의한 것도 아니다. 대학과의 증원 여건을 파악한 것이 전부라고 했다. 정원 증원은 대학의 여건에 따라 정부의 시책으로 성립되는 것이지 동문의 찬반에 따라 가감하는 것은 아니다.

판검사나 변호사들이 법대생의 증원을 반대한 사실도 없고 교사들이 교육대학생이나 사범대학생의 증원을 반대한 사실도 없었을뿐더러 약사들이 의약 분업에 반대했지 약대생 정원 증원을 두고 집단행동을 한 사실도 없다.

의사들은 왜, 의대생 증원을 두고 반대하는 것인지 국민이 이해할 수 있는 이유를 명확하게 밝혀야 한다. 의사들은 환자가 많아서 과로로 쓰러지고, 환자는 의사가 적어서 진료를 기다리다 쓰러지는데, 의사와 환자, 두 진영 쌍방이 고통을 받고 있으므로 이는 분명히 해결되어야 할 문제다. 해결 방법은 첫째, 의사 수를 늘리든지 둘째, 환자 수를 줄이든지 양자택일 외는 다른 방법은 없다. 어떡할 건가? 이는 집단행동을 하는 의사들이 답을 해야 한다.

각종 자격증이나 면허를 갖고도 다른 업종에 종사는 사람들이 대부분이다. 의사도 다른 업종에 종사해도 위법도 죄도 아니다. 2,000명 증원이 아니라 더 많은 증원을 해야 한다. 지금 같은 의료사태나 코로나19 같은 팬데믹을 대비하여 예비 인력을 충분히 확보해 둬야 의료대란을 막을 수 있다.

독일에서도 "의대 정원을 연내 5천 명 이상을 증원하려고 한다면서 여기에 반대하는 의사는 없다"라고 연방보건부 차관이 한 말이다. 우리나라의 개업한 의사 소득이 전체 노동자보다 6.8배나 많아 OECD 국가 중 최고라는 보고서도 나왔다.

현재 의사들의 집단행동은 처우개선이 아니라 의사 부족으로 인한 환자의 피해를 불모 삼아 더 많은 돈을 벌어보겠다는 속셈이다. 세계 최고의 의술을 자랑하는 우리나라 의사들이 왜 이 지경이 됐나? 의사는 신의 영역 다음으로 인명을 다스리는 직분임을 잊어서는 안 된다.

환자 수를 줄일 수 없다면 어떤 방법이 좋을지 의사들이 답을 해야 한다.

83
호우 대비와 대응 소회

전국이 물난리다. 대재앙이다. 참혹한 현실 앞에 하늘을 원망한다. 인간의 상상은 무한해도 예상은 한계가 있다. 상상은 능력과 무관하지만, 예상은 능력을 초월하지 못하며 전례를 근거로 앞날을 내다본다.

이번 같은 폭우는 전례 없는 예상 밖의 이변이다. 사전 대비를 탓하지 않는다. 위험이 예상되는 곳의 접근을 못 하게 신속하게 진입을 막아달라는 것이고 안전하게 대피할 수 있도록 도와달라는 것이다. 위험을 인식하지 못하고 접근하는 사람을 통제해 달라는 것인데 인력 부족을 내세울 일이 아니다.

8차선 도로라 해도 양방향에 신호봉을 든 경찰관 각 한 사람이면 차량 진입을 막을 수 있다. 통제하는 경찰관을 떠밀고 갈 운전자는 없다.

이태원 참사나 오송 지하차도 참사를 잊지 않고 있다. T자형 골목에서 내려오는 좌우 두 곳에 각각 경찰관 두세 명이면 충분히 출입 통제를 할 수 있어 160여 명의 생떼 같은 억울한 죽음을 막을 수 있었을 것이며, 오송 지하차도 침수도 양쪽에 경찰관 각 한 명만 진입 통제를 했어도 14명의 억울한 죽음이 없을 것이다. 옛이야기 같지만 2022년과 2023년의 행정력 부재의 원시적인 대참사였다.

  이번 수재도 사전 대비를 못 했다는 것도 아니며 상상을 초월한 물폭탄을 감당하지 못했다고 탓하는 것이 아니다. 사고 발생과 함께 신속하고 적절한 현장 대응을 않거나 미흡하다는 것이다.

  상습적 피해 지역이어서 충분히 예상되는 곳도 안전요원이 없었고 심지어 주민들의 신고가 있었는데도 신속한 조치를 하지 않은 것은 변명의 여지가 없다. 오산 고가도로 옹벽 붕괴사고는 사전 신고가 있었다.

  재난만 발생하며 비난을 달고 산다. 자연재난은 인명피해가 따르고 있어 화급을 다투므로 그 무엇보다 우선해야 한다.

  일상이 무너져 버린 저들을 어떡하나. 사후 수습은 소 잃고 외양간 고치는 식이지만 신속하고 적절한 지원을 서둘러야 한다. 재난 복구는 제아무리 복구해도 이전만 못 하고 인명은 복원할 수 없다. 이보다 더한 재난이 언제 또 일어날지 모른다.

  예방을 위한 시설물이 설계나 위치선정이 잘못되어 화를 더 키웠다는 말도 곳곳에서 나온다. 피해 지역의 원인분석은 반드시 사고 현장에서 주민들과 함께하여 착오였거나 하자였으면 이를 인정하고 조속히 개선하여 유사한 피해가 다시 없도록 대안 대책을 마련해야 한다. 조속한 지원과 철저한 복구를 간청하며 응원을 보낸다.

84
광란의 시대

아침부터 폭염 경보 안전문자가 날아든다. 날새기가 무섭게 불볕이 쏟아지며 위세가 대단하다. 해만 뜨면 볶아대고, 저녁이면 삶아댄다. 불가마고 찜솥이다.

해가 갈수록 더위도 추위도 극성이다. 무슨 변괴라도 있는 걸까? 요즈음 세상은 뭐든지 시작은 시부저기 해도 시작만 했다 하면 극한까지 치닫고 기어코 일을 낸다. 사람 사는 세상도 그렇고 하늘 아래 모든 것이 그렇게 변했다. 비가 왔다 하면 물난리를 치르게 하고 비가 그치면 다글다글 볶아댄다. 하늘의 뜻이라도 원망스럽고 사람이 꾸려가는 세상사도 이건 아닌 것 같다.

아침 뉴스의 TV를 켜려고 하면 긴장부터 된다. 섬뜩하고 끔찍한 사건 사고가 밤낮을 가리지 않고 터져 나오기 때문이다. 인간의 도를 넘은 사건들이 줄지어 올라온다. '오죽했으면' 하는 연민마저도 보낼 수 없는 상상 초월의 사건들이다. '핑계 없는 무덤이 없다'라고 했는데 이유도 원인도 없는 사건들이 일어나고 있다. 묻지 마 사건들이다. 어쩌자는 것인가. 이유 있는 사건은 더 끔찍하게 벌어진다. 이웃,

동료, 연인, 존비속, 형제자매, 거래처를 막론하고 관계인만 해치는 것도 아니다. 함께 있으면 모두를 해친다.

막무가내다. 광란이다. 어떻게 풀어야 할까를 고민해야 한다. 먼 곳의 이야기가 아니다. 현관문 밖에서 일상처럼 벌어지는 일이다.

'욱' 하면 '억' 하는 세상이다. 감정의 통제력이 작동하지 않는다. 부모 형제 낯깎이는 짓 않으려고 몸가짐과 언행에 그렇게 조심하며 살아왔던 우리였다. 무엇이 달라져서 이전 같지 않은가? 달라진 데서 원인이 있다면 답은 있으나 해법이 없다.

일상적인 생활이나 구조가 완전히 바뀌고 달라졌다. 직장 말고는 머리 맞댈 일이 없다. 이웃사촌마저 경계의 대상으로 바뀌었다. 있는 것보다 없는 것이 더 낫다. 체면이 소용없는 세상이다. 내가 길이고 내가 판관이다. 모든 것은 내 하나로 끝난다. 하늘도 겁나지 않는다. 물난리도 산사태도 하늘 믿고 사는 사람에게 더 가혹했다.

순리는 자연에서 깨우치는 것인데 날씨마저 순행하지 않는 것 같다. 폭우의 개념도 바뀌었다. 양동이로 퍼붓는다는 말은 옛말이다. 물 폭탄이다. 천지개벽하듯 대재앙으로 끝난다. 끝장을 보자는 식이다. 불볕더위도 옛말이다. 용광로 속이다. 찜솥도 유분수지 이건 화탕지옥이다.

자연도 인성도 막가는 것 같아 걱정스럽다. 직장 밖에서도 결속력으로 얻어낼 수 있는 함께하는 일을 만들어야 한다. 자연의 엄연한 순행을 누리며 마음을 나누며 살고 싶다.

85

잡념의 묘미

잡념은 무료한 순간을 넘보다가 일순간에 머릿속을 파고들어 이성과 지성을 마비시켜 밑도 끝도 없는 온갖 생각을 끌어들여 4차원 세계까지 들쑤시고 다니며 안 해도 될 걱정을 불러오기도 하고 까맣게 잊었던 기억까지 되살려내는가 하면, 나와는 무관한 세인들까지 관계를 지워서 머릿속을 휘젓는다. 사리나 이치는 무시되고 황당무계하게 비약하거나 건너뛰기도 하며 망상의 늪에 빠뜨려 머릿속을 뒤죽박죽으로 헝클어 놓는다.

한참을 허우적거리다가 마법에서 풀리듯 스르르 빠져나오면 머릿속이 하얗게 이상하리만치 맑아진다. 그러면서도 그새 뭘 했는지 되짚어 보면 허망스러운 상념의 잡동사니들이 뒤엉켜서 참으로 얄궂다.

잡념이란 존재가 참으로 묘하다. 뜬금없이 안 해도 될 걱정거리를 생각나게 하여 괜한 스트레스를 끌어안기기도 하고 까맣게 잊었던 것까지 되살려내어 트라우마를 안겨주기도 한다. 충분히 용인된 일이고 아무런 문제 없이 끝난 일이었는데도 괜스레 생각나게 해서 때로는 민망하기도 하여 퍼즐을 맞추듯이 합리화시키려고 생살을 보태느라 애를 먹기도 한다.

이게 불가에서 말하는 108번뇌일까? 모르긴 해도 어찌 108개뿐이겠나. 근심 걱정에다 오욕까지 보태면 끝도 갓도 없을 건데 미래는 접어두고 과거사만 돌아봐도 치졸하기 그지없다. 그 나이에는 그게 당연하고 그 시기에는 그럴 수밖에 없는 일이었어도 그래도 개운찮을 때는 '그래서 어쩌라고?' 하고 은근히 부아가 나서 혼자서 난리를 치다가 한참 만에야 겸연쩍어 피식 웃는다.

그런데 이러한 잡념이 때로는 기분 전환을 시키는가 하면 새로운 발상까지도 끌어낸다. 어쩌다가 글을 쓰는 것이 업이 되었는지 모르지만, 글감의 주제가 되기도 하고 소재로 쓰기도 하며 새로운 구상까지 불러온다.

사지도 않은 로또복권이 1등에 당첨이라도 되면 어떻게 나누고 어디에 쓸 것인가를 고민부터 하는가 하면 부처님의 자비와 예수님의 구원을 세월호에도 끌어다 붙여보고 일가족 극단적 선택에도 들이대어 보고 농민들이 풀과의 전쟁에서 이길 수 있게 레이저 건도 만들고 검진과 처방은 물론 수술까지 해내는 인공지능 셀프 의료기도 만들고 김정은이 끼고 사는 핵무기마다 요격하는 신무기도 개발하고 산불 진화 소화탄 개발 등 온갖 잡념과 노닥거리는 사이에 귀밑에는 서리가 하얗게 내리고 춘삼월 남촌에는 고매화 옛 가지에 매화꽃이 피었다.

86

또 한 해를 보내며

　파란만장하고 다사다난하다지만 올 같은 해는 없었던 것 같다. 나라가 백척간두에서 칼춤을 추는 것 같다. 느닷없이 한밤중에 비상계엄령이 선포되고 불과 두 시간 반 만에 국회에서 비상계엄령 해제 요구가 가결되어 대통령은 선포 여섯 시간 만에 계엄 해제를 선포했다. 그사이 계엄군이 곳곳에 투입되고 곧이어 철수했다.
　이 무슨 국란이고 변고인가! 국가와 국민의 안위를 위한 것이 아니고 정치권의 힘겨루기에서 비롯된 비상계엄령이다. 국민의 떨리는 가슴이 분노로 폭발하고 참담함이 극에 달했다. 급기야 국회에서 대통령 탄핵 소추안이 2차에서 가결되었다. 여당에서도 12표의 찬성표가 나왔다.

　국무총리가 대통령직무대행을 시작했다. 일엽편주를 타고 칠흑 같은 밤바다의 거센 폭풍우를 뚫고 가는 기분이다. 대통령은 취임 때부터 위태위태했고 게다가 4월 총선의 결과가 시한폭탄을 안겨주었다. 정당투표제에 의한 위성정당이 불러온 화근이다. 정치 초보 대통령에 정당투표에 의한 함양 미달들이 야당에 편승했다. 진영 간의 갈등으로 위태로운 출항이었다. 국회부터 안정이 돼야 한다. 그러려면 국회의원 선거법부터 고쳐야 한다.

선거에서 사표(死票)를 줄인다고 정당 투표제로 했다. 이의 흠결도 더 줄인다고 준연동제까지 했으나 헌 집 고치기다. 이쪽 고치고 나면 저쪽 고쳐야 하고 그러다 보면 고친 것 또 고쳐야 하는 꼴이다.
사표가 대체 뭔가? 사표(死票), 죽은 표라는 뜻인데 투표에서 죽은 표는 없다. 선거에서 자기 표가 당선에 이르지 못했다 하여 죽은 표는 아니다. 후보자 중에서 제일 낫다는 자기의 의사표시를 완벽하게 발의한 것이다. 선거의 기본은 1인 1표제다. 지난 4월 총선에서 준연동제에 정당투표 비례대표제를 전과 같이 시행하여, 생시 초문의 정당이 40개가 만들어져 이상한 사람들이 국회의원으로 당선되었다. 모순이 모순을 낳은 국회가 되었다. 예견이 현실로 나타났다.

2028년 총선 전에 국회의원 선거법부터 고쳐, 비례대표제의 본래 목적인 직능대표제로 하고, 지역구 당선인 비율로 배분해야 한다. 위성정당은 첩실 정당이다. 탄핵 국회니 특검 국회니 하는 소리는 근본이 잘못되었기 때문에 파생된 모순의 산물이다.
세모의 틀에서는 세모가 나오고 네모의 틀에서는 네모가 나온다. 당리당략에 앞서 국민을 위해 틀을 고쳐야 한다. 평지풍파로 혼란과 혼돈, 격랑의 한해였다.

87

메디컬 캡슐

"모니터는 자세히 읽었어?"
"글이 작아서 대충 읽었어."
"이어폰으로 천천히 듣기를 하지."
"대충 읽었는데 감마선인가 베타선인가 하는 충돌 충격으로 태운대."
"시간이 얼마나 걸린대?"
"진단 중이라는 문자 떴었는데. 조금 있으면 판독 중이라는 문자가 뜰 거고 진단에 20분, 결과 판독에 15분 예정이랬어. 웬만한 건 시술 수술 처치 봉합까지 한 시간 남짓 걸린대."
"다른 데로 전이가 되지는 않았대?"
"아까 자막에서 담낭에 전이가 있어 담낭을 제거한대."
"무릎관절 수술도 동시에 하자는데 엄마가 다음에 한대."
"회복 시간은?"
"담낭 제거를 해서 이틀만 금식하면 퇴원하니까 간호사 둘이서 돌본다고 의식이 깨면 이야기 나누다가 집에 가 있으래."

진료 치료 종합 캡슐에 홀랑 벗긴 채로 들여보낸 엄마가 나오기를 기다리며 남매가 나눈 이야기다. AI 로봇 진료 종합 캡슐에서 논스톱으로 진료에서 시술 수술 처치 봉합까지 해서 약 처방까지 나올 10년 후의 이야기다.

의사가 필요 없다. 간호사만 있으면 만사 OK다. 진료를 받고 싶으면 종합 캡슐에 들어가기만 하면 되고 시술이나 수술 혹은 처치 봉합까지 논스톱으로 끝난다. 내과적 진료는 병원 아닌 공공시설에도 커피 자판기처럼 설치돼 있어 옷 입은 채 들어가서 진료 버튼만 누르면 진료가 끝나고 결제 카드만 꽂으면 얼굴 사진이 붙은 약 처방전이 출력된다. 이를 갖고 병원 간호사에게 주면 사진 확인으로 주사까지 맞을 수 있다.

건강 염려증에 걸릴 일도 없고 의사 앞에서 주눅들 일도 없으며 병원 문에 들어서면 혈압 높아지는 일도 없을 것이다. 공산품 기기라서 대량 생산에 대량 설치하면 예약도 필요 없고 대기시간도 필요 없다. 간호사와 병상만 있으면 의사는 소원대로 과로하지 않고 편히 지낼 수 있다.

전문의니 전공의도 필요 없다. 대학병원이니 일반병원이니 하는 등급도 필요 없다. 간호사만 있고 병상만 있으면 그저 자판기식 자동 의료기기다. 의대생 증원을 놓고 다툴 필요도 없고 119 이동식 의료 캡슐이 있어 뺑뺑이 사고도 있을 수가 없다.

지금도 피 한 방울로 모든 질병을 판독하고 온갖 로봇으로 수술을 하는데 이를 AI와 결합하는 시간은 그리 오래 걸리지 않을 것이다. 버티기만 하면 의사는 정부를 이긴다고 했는데, 정부와 국민이 조금만 더 견뎌내면 의료 비상사태는 회복되고 의사들은 신선놀음할 날이 올 것이다.

88

보고 싶은 사람

도토리묵을 싸서 허리춤에 달아주며 한사코 울던 박달재의 금봉이가 보고 싶고, 고향길이 틜 때까지 국제시장 거리에 담배장사 하드래도 살아보자며 두 손목을 잡던 경상도 아가씨도 보고 싶지만, 농익은 가을이 단풍으로 물드는데 실없는 가을비가 추적추적 내리고 있어 모르는 사람들도 보고 싶게 한다.

보도연맹 가입자로 연행한 사람을, 내일 오전 10시까지 도장을 가지고 오라며 돌려보냈던 진주경찰서 그 어떤 경찰관이 보고 싶다.

마침 다음 날 아침이 딸 첫돌이어서 당숙모들까지 모여 첫돌 밥을 먹으면서 당숙모 한 분이 이상한 소문이 나돈다며 당질인 이모부를 경찰서로 못 가게 말렸다. 하지만 당시로는 오일장이나 방물장사가 아니면 외지 소문을 들을 수도 없거니와 뜬소문인지 긴가민가 확실성도 없는 데다 남정네의 뜻을 여자들이 꺾을 때도 아니어서 한사코 말리지는 못했다고 했다.

마치 남의 심부름이라도 온 것같이 도장만 찍어주고 오겠다며 나간 것이 마지막 모습이었다. 도장을 받아 찍던 어제의 그 경찰관은 얼마나 억장이 무너졌을까. 그길로 오지 말라고 돌려보냈는데, 지금 경찰서 뒷마당에는 총살 시킬 사람들을 집합시켜 놓고 경찰 트럭에 태우고 있는데 그 참담한 심정이 오죽했으랴.

  옆에 앉은 동료의 눈길을 피할 수도 없어 터지려는 가슴을 억제하느라 얼마나 이를 다물었을까. 그깟 나무 도장이 뭐라고 그걸 가져오라고 돌려보냈겠나. 다른 경찰관들은 손도장을 받는데도 그 경찰관만은 도장을 가져오라고 보낸 사람이 여럿이라는 것을 이모부가 첫돌 밥을 먹으면서 했던 말이다.

  당시 기록이 남아있는 이상, 신상 조사에 서명한 경찰관의 이름이 명확하게 남아있을 것이다. 부여잡고 울고 싶은 보고 싶은 얼굴이다. 전시여서 항명이면 어떤 처벌을 받는다는 것을 번연히 알면서도 죄 없는 사람을 살려내려고 본인의 목숨을 걸었던 것이다.

  좌익이 뭔지도 모르는 사람을 보도연맹의 인원수를 채우려고 도로 보수 부역을 한나절 빼준다며 가입시키기도 했지만, 임의로 도장을 새겨 본인도 모르게 가입시켜 인원수를 채우려고 했다는 사실을 그 경찰은 잘 알고 있었기 때문이다.

  죄 없는 사람을 죽여서는 안 된다는 신조 있는 경찰관이었다. 잊어서는 안 될 사람을 어찌 잊으랴. 정말 보고 싶은 얼굴이다. 작고하셨다면 후손에게 큰절이라도 하고 싶다.

89

여름나기

무더위가 심하다. 아침저녁도 없이 후끈거린다. 햇볕이 무섭다. 숯불을 퍼붓듯이 이글이글 불탄다. 건물마다 복사열을 품어댄다. 아스팔트 길은 지글지글 끓는다. 시멘트벽은 다글다글 볶는다. 골목길도 찜솥이다. 삼복더위라지만 너무 심하다. 해보자고 드는 것 같다. 등줄기가 후끈거리고 숨이 막히며 머릿속이 멍하다. 매미 소린지 이명인지 헷갈린다. 소나기를 몰고 오는 뇌성인가 했더니 비행기 소리다.

제발 좀 에어컨 켜고 지내시라는 애들 소리는 귓등으로 듣고 만만한 선풍기만 들볶으며, 검푸른 산이 먼발치에 있고 짙푸른 볏논이 내려다보이는 아파트인데, 매화틀 타고 풍월할 처지도 아니면서 뭔 소리야 하며 그럭저럭 버텼는데, 올여름은 그게 아니다. 전국이 불가마다. 재앙이다.

더위를 식힐 짬이라도 있으면 그나마 다행인데 더위와 맞서야 하는 사람이 너무 많다. 극한적인 고통, 정부는 지원하고 국민은 후원하며 모두는 격려하고 서로가 배려해야 한다.

우리의 동력인 현장의 젊은이가 걱정된다. 젊을 때는 장마가 지면 그 며칠이 지루해서 주리를 틀었다. 우산 받치기도 귀찮고 질퍽거리는 것도 성가시다며 투덜대놓고 소원대로 장마 끝나고 삼복더위가 덮치니까 또 그새 마음이 바뀌었다. 변덕치고는 고약했다.

장마 때는 안 더워서 좋았고 불볕더위에는 눅눅하지 않아서 좋다고 해도 될 것을, 꼭 오뉴월 녹두 깎지 뒤틀리듯이 뱅뱅 꼬였었다.
이제는 그도 이해가 된다. 할 일도 많고 약속도 많아 하루해가 짧아서 동분서주할 때인데 불볕더위가 혈기 넘치는 활기를 발목 잡으니 그럴 만도 하다는 것이다. 하지만 젊을 때는 어떤들 뭘 못해? 몹쓸 짓 말고는 다 해봐야 한다. 더러는 객기도 부리고 만용도 부리며 헛다리도 짚고 실수도 하며 그러면서 터득하고 성숙해지는 것이다. 이글거리는 태양과 정열로 맞서며 시원한 차림으로 건강미를 드러내면 얼마나 멋진가? 오죽해서 아이는 미운 짓을 해도 예쁘고 노인은 예쁜 짓을 해도 밉고 젊은이는 뭘 해도 멋지다 했겠나. 노인의 땀내에서는 쉰내가 나고 젊은이의 땀내에서는 향내가 난다.

불볕더위도 한철이다. 무더위도 즐기면 재미있는 일이 생겨난다. 겨울이라서 할 수 없었던 것을 이때다 하고 기회로 삼고 알게 모르게 쌓인 스트레스도 얼음물 마셔가며 땀 흘리면, 고추잠자리도 응원하고 하늘도 파랗게 높아질 것이다.

90

봄바람

옛날 어른들의 말에 '봄바람은 거시도 없다' 했다. '거시'는 잠깐의 가림 또는 잠시 피할 곳을 뜻하는 경상도 일부 지방의 방언으로 '가객이 남의 헛간을 거시 삼아 하룻밤을 잤다' 또는 '언덕을 거시 삼아 찬 바람을 피하고' 하는 데서 짐작되는 뜻이다. 따라서 봄바람은 바람의 방향을 종잡을 수 없어 순간적 또는 잠시만이라도 피할 곳이 없게 휘두른다.

기상학적으로야 어떻게 설명하든 우리가 수시로 느끼는 봄바람은 순식간에 그 방향을 바꾸면서 순간적인 돌풍을 일으키며 변덕이 심하다. 마릴린 먼로의 치마를 들쳐버린 그 유명한 장면의 포즈는 연출인지는 모르지만, 사실 순간포착이라면 봄바람이었을 것이다. 이와 유사한 순간을 60년대 여성들은 직접 겪기도 했다. 당시는 치마의 폭이 넓은 편이었고 특히나 여중·고생들의 교복 치마는 길이가 종아리까지 내려오고 끝자락으로 갈수록 폭이 활짝 넓어지는 짙은 곤색 세루 천의 후레아 치마라고 해서 치맛자락의 폭이 넓었다. 당시는 진주에도 시내버스가 없을 때여서 모든 학생이 걸어서 등·하교를 하는데 남강 다리를 두셋씩 짝지어서 걷는 여학생의 치마를 순간 돌풍이 사정없이 걷어 올리면 황급히 손으로 누르는 모습은 영락없는 마릴린 먼로의 포즈였다.

봄바람은 변덕도 심하지만 짓궂기도 하여 흔히 볼 수 있는 장면이었다. 길을 걷다가 눈 깜작할 새도 없이 사정없이 흙먼지를 일으키는 바람과 맞닥뜨리면 반사적으로 휙! 돌아섰다. 이처럼 봄바람은 예측 불허의 변덕과 괴력을 가진 바람이다.

그래서 할머니들은 음력 2월 초하룻날 아침에 '바람 밥'이라 하여 생선 굽고 갖가지 나물에다 찰밥을 지어 박 바가지에 물을 담아 청솔가지 끝을 적시어 부정을 치고 청색과 홍색의 명주 천 조각을 울타리에 꽂고 바람을 올린다며 연등 할머니께 치성을 드렸다.

봄바람이 불 때면 "할머니 왜 이렇게 바람이 세게 불어요?" 하고 할머니의 치마꼬리를 집고 물으면 "이제 새봄이 왔으니까 꽃도 피우고 잎도 피우라고 잠자는 나무를 흔들어 깨운다고 그런다" 하셨다.

나라 안팎이 심각하다. 우리는 지금 어디로 가고 있나를 냉정히 생각해야 할 때다. 우리의 깊은 잠을 깨우는 봄바람이었으면 했는데 분탕질도 유분수지. 어쩌다 이 봄의 봄바람은 그토록 매정하고 모질었나. 수많은 인명과 재산을 앗아간 지난 3월의 전국 산불, 더는 다시 없기를 간절히 바란다.

91

추대받을 인물은 없는가

국민으로부터 추앙받고 추대받을 인물은 정말 없는가? 학식이 깊고 지식이 풍부하다고 해서 지도자가 될 수 있는 것은 분명 아니다. 학식과 지식은 얼마든지 빌려 쓸 수 있다. 분야에 통달한 전문인들을 수하에 두고 쓰면 더할 나위 없이 충족된다. 다만, 이들을 기용할 수 있는 역량이 중요하다.

인사가 만사라고 했다. 인사가 힘들다는 뜻도 포함되어 있다. 인사만은 가재가 게 편을 들어도 안 되고 초록을 동색으로 보아도 안 되면 팔이 안으로만 굽어도 안 된다. 혜안이 필요한 대목이다.

지혜롭고 덕망을 갖춰져야만 할 수 있다. 그릇이 커야 한다. 학식은 기술에 불과할 뿐 올곧은 인성과 수련으로 숙성되어야 지식이 되고 지식이 숙려기를 거쳐 숙성되어야 지혜가 되며 지혜와 선견지명이 융합되어야 혜안을 갖춘다.

따라서 학식은 얼마든지 빌려 쓸 수 있고 지식도 얼마든지 구할 수 있으나 혜안은 급조할 수도 없거니와 빌려 쓸 수도 없다. 학식은 위태로운 재주이고 지식은 날카로운 칼이며 지혜는 일상의 도구이고 혜안은 석성의 문루이다. 국가를 경영할 지도자는 석성의 문루에서 서서 안팎을 두루 살피어 형세 판단을 정확하게 해야 하고 대안 대비의 빈틈없는 대책이 수반되어야 하며 지향하는 바가 분명해야 하고 심지가 굳고 곧아야 한다.

문명한 과학이 4차원을 넘나들고 있는 시대다. 국가를 경영할 지도자라 해서 모든 분야에 통달할 수는 없다. 분야별 조직의 합작품을 어떻게든 창출해 낼 수 있는 능력을 갖추었냐가 문제이다.

혜안과 덕망을 겸비한 인물이 정말 없는가? 특정 집단들이 음해공작으로 유언비어를 퍼뜨려 중상모략으로 오명을 덧씌워 실체를 가리고 국민의 판단을 흐리게 하는 것은 아닌지 되짚어 보아야 한다.

윗사람에게 아부 아첨하고 관계인들을 음해하며 주변 사람들을 질시와 반목의 상대로 삼는 사람이 출세하는 현실이 어디서 온 현상인가? 리더가 안목을 제대로 갖추지 못한 탓이다. 귀가 야리면 솔깃한 소리만 들리고 눈이 영악하게 밝으면 겉모양만 잘 보인다. 불상은 귀가 크고 눈이 작다.

헛소문도 반복해서 지속되면 점차 사실같이 느껴진다. 그뿐만 아니라 떼를 지워 퍼뜨려도 사실같이 느껴진다. 올곧은 사람이 특정 집단의 공격을 받고 상처만 남긴 사람을 더러 보아왔다. 선택권자인 국민이 흔들리지 말아야 한다. 특정 집단에 편승해 버리면 올곧은 판단을 할 수 없다.

92
내우외환

　대동강물도 풀린다는 우수 경칩이 지났다. 완연한 봄의 길목에 들어섰는데 우리의 언 가슴은 풀릴 기미를 보이지 않는다. 세상만사가 어느 것 하나 풀리는 것 없이 꼬이고만 있어 하루가 힘들고 일상이 버겁다.

　바깥세상이야 어찌 되든 말든 내 모르겠다 하고 귀를 막고 눈을 감아도 일상생활에서도 부대낀다. 세상사를 멀리한다고 해도 생활의 범주가 세상사 손바닥 안인데 벗어날 길도 없는 것이 우리의 생활사다. 연료비는 고공행진이고 식자재를 비롯한 소비자 물가가 천정부지로 오르기만 하니까 하루하루 사는 것도 힘겹다.
　나라가 작아서 오밀조밀하게 살아가는 우리로서는 정치, 경제, 사회, 문화의 모든 영역에서 직접적인 영향이 민감하므로 어느 한쪽에 부작용이 생겨도 피부에 닿는 파장이 크다. 화개골 세이암에서 귀를 씻고 청학동으로 들어간 최치원 선생님도 이 시대보다는 덜했을 것이다. 생활이 복잡해져서 어느 분야든 맞닿아 있어 부닥쳐야 한다. 따라서 어느 것 하나 내 모르겠다 하고 살 수가 없다.

정치권이 해도 해도 너무한다. 걸핏하면 고소 고발이고 특검과 탄핵의 남발로 갈피를 잡지 못해 국가 기반이 휘청거린다. 원칙과 기준이 분명하지 못하고 정의와 공정이 모호해져 판단마저 흐려졌다. 정부가 전공의들에게 무릎을 꿇고 항복했다. 국가 경영의 단호한 결단력도 없어 믿음도 잃었다. 사법개혁 한답시고 이리저리 고치더니 머리가 여럿이고 엉덩이에 뿔이 나서 사법부 체계가 엉망이 되었다. 민심은 각자도생의 길만 찾고 있어 배타적이고 이기적인 불신시대로 굳어졌다. 이 모든 것이 정치에서 비롯되었다.

국회의원은 국민의 대변자가 아니라 정당의 종속물에 지나지 않고 국회는 국론 통합과 정책 도출을 위한 정책 경쟁의 장이 아니라 정권 쟁취나 사수를 위한 당쟁을 일삼고 있다. 이 때문에 배신감에 상처받은 민심은 정치를 외면하고 정치인을 경멸하며 나아가 나라를 불신한다. 피를 먹고 자라난 민주국가인 대한민국이 맞나 하고 허탈감에 빠졌다.

외세마저 심각하다. 북한을 제대로 읽고 있지 못하는 것은 아닌지. 당사국인 우리보다 외국에서 한반도의 불안을 더 심각하게 걱정하고 있다. 우리 정부가 트럼프 미국 대통령의 대북 속내를 어디까지 꿰뚫고 있는지 그에 대한 대안은 마련되어 있는지 심히 걱정된다. 당장 관세 문제와 함께 발등에 떨어진 불이다.

가을의 들머리에서

뙤약볕이 그렇게 볶아대던 8월이 갔다. 예년 같지 않은 불볕더위에 헐떡거리며 어서 가을이 왔으면 했는데 9월이 왔다. 첫날부터 비가 와서 한결 시원해졌다. 고추잠자리가 낮게 날아 높아진 하늘이 비에 씻겨 파랗게 맑아졌다. 가을의 초입이다. 오곡이 여물고 제철 과일이 저마다의 빛깔로 향기를 내뿜으면 풀벌레의 세레나데가 밤이슬에 젖은 푸른 달빛을 창가에 풀어놓을 것이다. 더위 먹어 혼란스럽던 상념들을 달빛에 헹궈서 까닭 없는 분노로 끓인 속도 비워내고 일상에서 맺힌 고도 가닥가닥 풀어내어 씨줄 날줄 새를 갈라 무늬 놓고 채색하여 비단길로 깔고 싶다. 한더위 속에서 멍하니 허송했던 잃어버린 날들을 되찾기 위해 가을의 들머리에서 되돌아본다.

후회보다 부질없는 것이 원망인 줄 알지만, 지난여름은 모두를 힘들게 했다. 베풂보다는 군림의 횡포가 더 심했던 하늘을 두고 무심하다는 원망의 소리가 아직도 진행 중이다. 물난리를 그만큼 치르게 했으면 화해의 손길이 있어야지 어째서 강릉은 비 한 방울 주지 않는지 알 수가 없다. 식수마저 고갈하여 재난지역으로 선포했다. 불과 달포

전에는 곳곳이 홍수로 인한 대재앙을 불러와 재난지역 선포를 했으니 극과 극의 대립이자 자연의 변괴다.

　손바닥만 한 땅덩어리에 어쩌자고 이렇게 양단으로 가르는가. 세상사의 이치는 체득으로 깨우치는 것인데 해가 갈수록 자연의 순리도 변화무쌍하여 인간의 심지마저 흔들려 갈피를 못 잡게 한다. 봄가을은 앞뒤에서 갉아먹어 사계절이 두 계절로 바뀌어 가고, 더위는 열기를 더하고 추위는 냉기를 더하여 양방향의 극점으로 치닫고 있다. 자연이 그러하니 인간사도 따라간다. 한쪽은 화사하게 한복을 입고 한쪽은 침통하게 검은 상복을 입은 정치가 그렇고 삶의 질도 그렇다. 앞바퀴는 앞으로 가고 뒷바퀴는 뒤로만 간다. 멈춰야 하는데 멈출 것 같지 않아 앞날이 암담하다.

　극복만이 인간 승리의 마지막 수단일까. 마지막까지 남는 자가 승자라고 했다. 그르려고 축재한다. 수단이 정의롭다면 누가 뭐라겠나. 약자의 시련과 고통을 기회로 삼는 은밀한 가해자와 침묵하는 배신자들. 우리가 모르는 세계가 곳곳에서 드러나고 있다. 안 보고 안 들었으면 하는 것이 진심이다. 박탈감과 배신감으로 가을의 정서를 더럽히고 싶지 않다. 높푸른 하늘이 닿는 곳까지 코스모스 한들거리는 가을 길을 걷고 싶다.

94

관룡사

비 온 뒤끝의 하늘이 마음껏 높아졌다. 반야 용선이라도 타고 푸른 하늘 어디론가 가고 싶다. 용선대를 찾아 구룡을 대면하러 화왕산의 관룡사를 찾아 길을 나섰다.

중부내륙 고속도로 영산 IC를 나오면 군립공원 화왕산을 일러주는 안내 이정표와 문화 유적지를 알리는 황토색 안내판들이 우쭐우쭐 일찌감치 길마중을 나와서 반기고 섰다.

계성삼거리에서 우회전하여 진평 마을 지나 동정호 저수지를 끼고 계곡을 따라 오르는 길엔 줄지어 선 식당들의 간판은 하나같이 '화왕산 송이 전문'이라 쓰여 있어 사방에서 송진 냄새가 향긋하게 나는 듯하여 군침을 돌게 하는데 이내 공원 입구의 매표소를 지나면 좌우의 산세는 더욱 험산을 이루고 구룡교를 건너서면 울창한 솔숲은 깊이 들어갈수록 아름드리 몸통에 붉은빛이 더욱 선명한 노송들로 빼곡하다.

시멘트로 포장된 길은 가파르지도 않아 완만하고, 계곡을 따라 이어지는 산길을 잠시만 오르면 저만치 한 쌍의 석장승이 절집 산문의 입구임을 아뢰고 섰다. 차를 타고 오르면 이들을 스쳐서 지나가기에 애당초 본래의 길이었던 석장승 사이로 난 길을 걸어 들어갈 요량으로 차를 길섶에 세워두고 뚜벅뚜벅 걸어 들었다. 길손들을 영접하려고 정중한 자세로 길 좌우로 남좌여우 나뉘어서 길을 틔우며 마주 보고 섰는데 어른 주먹보다 더 큰 퉁방울 같은 눈은 연방이라도 튀어나올 것 같고 입을 반듯하게 다물었으나 비집고 나온 엄니를 감추지를 못했는데 우람한 체구에 키는 팔대장신이다. 돌장승 사이에 길손도 우뚝 섰다. "어흠!" 하고 헛기침을 크게 하고 위풍당당하게 어깨를 펴고 허세를 부려봤다. 움찔하기는커녕 미동도 않는다. 투박하지만 어수룩하지도 않고 반듯하며, 우락부락하지도 않고 평온하고 경건하며, 뻬드렁니도 아니고 입을 굳게 다물어서 근엄하기까지 하다. "나중에 봄세" 하고 가던 길을 재촉했다.

멀리 병풍바위를 드높이 두르고 고즈넉한 절집의 전경이 모퉁이 진 개울을 따라 빼곡한 솔숲 사이로 그림같이 다가온다. 야트막한 돌 담장을 좌우로 가로막아 쌓은 가운데로 설주도 없이 돌을 쌓아 지붕을 만들고 기와 몇 닢을 얹어 작은 문을 내어 보행자를 들고나게 했는데 무슨 까닭이라도 있는 건지 오가는 사람들이 신기하다는 눈치다. 돌문을 들어서면 자연석으로 석축을 쌓은 돌계단 위로 여염집의 대문간 같은 대문 위로 '화왕산 관룡사'라는 금빛 찬란한 현판이 붙었다.

종각 옆으로 석축 계단을 오르면 마주하는 대웅전과 크고 작은 당우의 기와지붕 너머로 낙락장송의 솔숲이 울울창창 등받이가 되어 병풍처럼 둘러쳤고 더 뒤로는 하늘 높이 하얀 바위들이 수직으로 깎아지른 듯 천 길 절벽이 양 날개를 활짝 펴고 장엄하게 버티고 있어 절경의 웅장함에 가슴이 벅차다. 이 같은 석벽을 두고 천인단애라 했던가. 희끄무레한 암벽을 따라 간간이 골진 틈새로 낙락장송이 푸른 무늬로 채색되어 마치 여러 마리의 용들이 비늘을 번득이며 하늘을 향해 치솟고 있는 듯해서 연방이라도 획- 하고 소리를 내며 대웅전 위를 청룡 황룡이 휘젓고 날 것 같다. 그 옛날 원효대사가 이곳에서 100일 기도를 마치니 아홉 마리의 용이 승천하는 것을 보았다 하여 관룡사라 하였다는데 천년 세월이 흐르고도 삼백여 년이 더 지났건만 대사가 베푸신 따뜻한 자비가 관룡의 영지에서 오늘도 따습다.

웬만한 절집 같으면 장엄한 산세와 풍광의 위용에 제압될 듯도 한데 대웅전의 자태도 근엄하고 엄숙하다. 단청의 색감도 요란스럽지 않고 연하고 순하며, 서까래 밑의 공포와 익공도 그 곡선이 가볍게 날리지 않고 무딘 듯 부드럽고 정교하면서도 간결하다. 앞쪽의 좌우 추녀 밑에는 청룡과 황룡이 머리를 내밀고 여의주를 물었다. 우리나라 보물 제212호이다.

대웅전을 들어서니 석가모니불을 본존불로 모시고 아미타불과 약사불의 협시로 삼존불이 모셔져 있어 헌향하고 예를 올리니 괜히 홀가분한 기분이 들어서 삼존불 뒤를 돌아가 보았다. 뒷벽 전부의 크기로 수월관음보살의 탱화가 그려져 있는데 그 크기에 먼저 놀랐다. 물러설 곳이 없어서 고개를 뒤로 한껏 젖히고 치어다 봤더니 준엄하게 내려다보고 무엇인가를 나무라는 듯하는 안광에 압도되어 또 한 번

놀랐다. 언뜻 보기에도 예사롭지 않은 장엄하고 장대한 대작이요 숨겨진 보물이다. 옷매무새를 고치고 경건하게 합장 삼배를 올리고 뒷걸음으로 물러났다.

마주한 종루가 눈길을 끈다. 범종과 나란하게 자리한 커다란 법고와 좌대가 예사롭지 않아서이다. 한눈에 보아도 퇴색할 대로 퇴색하여 윤기라고는 찾아볼 수 없는데 법고 몸통의 조각조각 이음새를 거멀쇠로 맞물린 것도 특이하지만 법고의 좌대가 되어버린 목조 해태상이 살아 있는 듯 꿈틀거릴 것 같다. 아무리 상상 속의 영험한 네 발 짐승이라지만 전생의 업보인가, 생시의 업죄인가, 무슨 업장이 그리도 많아서 수백 년 세월 동안 오로지 축생의 구원을 위해 저토록 육중한 법고를 등에 지고 납작하게 엎쳤을까. 채색의 흔적이 희미하게 남아있어 먼 옛날 젊음의 영화는 짐작이 된다마는 이제는 수백 년 노구에 법고의 무게가 버겁기만 하여 배를 바닥에 납작하게 붙이고 입을 벌린 채 눈동자마저 휑하여 안쓰럽기 그지없다.

약사전으로 발길을 돌렸다. 보물 제146호인 약사전 전각은 네 기둥의 건평 너비에 비하여 지붕의 면적이 특이하게 크고 넓다. 약사전 안으로 보물 제519호인 석조 약사여래 좌불이 높다란 좌대 위에 가부좌를 틀고 좁다란 앞마당의 아담한 3층 석탑을 천여 년을 지켜보며 오로지 중생들의 무병 강녕을 기원하고 계시는데 좌대석도 하얗고 불신도 흰 돌이다.

요사채 앞마당을 돌아서 용선대를 알리는 표지판을 따라 산길을 올랐다. 간간이 잡목이 있을 뿐 온통 앵돌아지고 뒤틀어진 늙은 소나

나무들은 불타의 가르침을 묵언 실행이라도 하듯이 용선대를 찾는 이들에게 자신의 뿌리를 아낌없이 내어놓고 층층이 계단을 만들어 안전한 보행에 육신을 보시하며 더러는 쇠진하여 고사한 채로 나목이 되어서도 오가는 중생들의 안전을 지켜보고 섰다

작은 모롱이를 돌자 소나무 숲 사이로 멀리 창공에 불상이 우뚝하다. 깎아지른 벼랑 끝에 아스라이 앉아 오로지 중생제도를 위한 염원으로 찬 이슬 맞으며 폭풍우도 마다 않고 엄동설한 설한풍도 내색 없이 견뎌내며 번뇌의 바다를 건너려고 천년 세월을 하루같이 용선을 이끌고 계셨단 말인가! 오! 석가세존이시여! 나무아미타불! 번뇌의 바다는 얼마나 깊고 탐욕의 바다는 얼마나 넓으며 수행의 길은 얼마나 멀고 해탈의 길은 어디에 있습니까?

육모의 돌기둥을 꼿꼿하게 세운 듯이 수십 길 낭떠러지가 수직으로 중천에 치솟은 용선대를 단걸음에 오르니 육신은 구름을 탄 듯이 허공에 둥실 떴고 멀리 사바세계가 발아래 깔렸는데 연화석 좌대 위에 가느다란 미소를 머금은 석좌불이 좌정하고 계시다. 네모난 하대석과 그 위로 팔각의 중대석, 그리고 연잎 무늬를 새긴 둥그런 상대석, 세 개의 돌이 날이 갈수록 황금색으로 물들고 있어 이를 두고 불가사의라 했던가, 신비한 일이다. 오묘한 불력에 의한 개금불사인가, 심오한 뜻이야 중생이 어찌 알랴만 천년 세월의 갖은 풍상에 모가 닳은 화강암 석상은 멀리 동트는 동녘을 향해 가느다란 자비의 실눈을 뜨고 중생제도를 위한 일념으로 계시는데 관룡사 목탁 소리는 구룡산에 메아리쳐져 멀리 사바세계를 향해 청아하게 여울진다.

95

벽송사

 일상이 버거워도 훨훨 벗어던지지 못하는 것은 함께하는 가족이 있고 지켜보는 지인과 이웃이 있어서만은 아니다. 책임의 무게만큼이나 자기완성의 삶의 가치에 대한 사명을 의무로 인식하지 않으면 인류 공동체가 와해되며 본인 파멸이 앞서 오기 때문이다. 따라서 반복되는 일상의 고단함은 자기 성찰로 다스리며 내일을 위한 오늘의 자세가 긴요한 여력으로 재생산되게 심신을 가다듬으려고 가끔씩 여행을 떠난다. 여행은 일정에 따라 멀고 가까움이 있을 뿐 일상의 고단함과 번민을 털어내고 또 다른 세상과의 새로운 만남이라서 어디면 어떻고 언제면 어떤가가 문제 되지 않는다. 숙박을 요하는 먼 길이 아니라면 홀가분한 차림새에 단출한 여장이면 몸도 마음도 가벼워진다. 유난스레 요란을 떨면 예상 밖의 탈이 나고 소문내고 날 잡으면 없던 일도 생기니까 마음에 짚이는 곳이 있으면 아침상 물리고 나서고 볼 일이다.

 가을의 정취에 사색을 녹이며 비경의 풍광 속에 홀로 객이 되어 애환의 역사가 굽이굽이 서려 있는 엄천강 굽이진 길을 따라 벽송사를 향해 길머리를 잡았다.

　35번 고속도로 생초 요금소를 나와 '곰내들'을 벗어나 산모롱이를 돌면, 기암괴석으로 가파르게 비탈진 선바위산 기슭을 따라 굽이져서 이어지는 도로 아래로, 물빛 푸른 엄천강이 그림 같은 풍광이다. 예사로운 풍광이 아닌 줄은 알면서도 언제나 힐끔 보고 지났던 길이라서 모롱이 날머리에 차를 세웠다. 벼랑 끝에 늘어선 느티나무와 도토리나무는 노령의 거목으로 크고 작은 옹이가 울퉁불퉁 불거져서 세월의 무게가 역력하건만 곱디고운 단풍으로 영롱하게 물들었다. 벼랑 높은 산 중턱엔 없는 듯이 내려앉은 빛바랜 정자는 잿빛으로 정겨운데 엄천강 푸른 물에 그물을 걷고 있는 어부는 쪽배를 저으며 아른아른 제 모습을 그림자로 드리운다. 괜스러운 객군이 선경 같은 그림 위에 흠집 될까 염려되어 가던 길로 차를 몰아 화계장터의 엄천교를 건너서 강을 따라 이어지는 마천길로 들어섰다. 지리산 준봉들은 단풍으로 물들었고 자드락의 마을에는 붉게 익은 감들이 가을볕을 붙잡고 가지 끝에 매달렸다.

　굽이져 흐르는 강을 따라 동호마을 들머리의 점필재 김종직 선생께서 함양 군수 재임 시에 조성한 관영 차밭을 지나 한남마을 들머리에 닿자 느티나무 숲속에서 '나박정' 정자가 쉬어가라 붙잡는다. 세조의 왕위 찬탈로 생모인 혜빈 양 씨와 동기들마저 참화로 잃고 한남마을 건너편 새우섬으로 유폐되어 한 많은 생을 마친 '전주 이씨 세종왕자 한남군 충혼비'가 단풍잎 흩날리는 동구 밖 숲속에 처량히도 홀로 섰다. 귀하디귀한 왕자의 몸으로 천 리 길 머나먼 유배지에서 이

승을 하직하고 함양 땅 상림의 산자락에 백골로 묻혔으니 설움인들 오죽하고 원한인들 오죽하랴. 역천과 질곡으로 얼룩진 역사는 '한남'이라는 마을 이름 두 글자만 남겨놓고 무심한 세월 속에 속절없이 잊어가도 성황당 돌탑은 원한 서린 옛 세월을 오롯이 품은 채로 말없이 숙연하다.

오백여 년 세월은 고산준봉 끝자락이 새우섬마저 토사로 밀어붙여 자드락으로 삼았으니 강산도 약자를 침탈하는데 인간사야 오죽하랴.
새우섬 휘감아 도는 강을 거슬러 모롱이를 돌아 와룡대를 지나니까 물레방아 돌아가는 백련마을 들머리에 집채 같은 바위군의 '화연대' 아래에는 마을의 내력이 적힌 빗돌과 시를 새긴 시비가 마주 보고 정이 겹다. 이 조년의 형인 이 백년과 이 억년이 은거하며 마을을 이룬 형제의 인연으로 시비를 세웠다는데 언제 읊어도 가슴을 저리게 하여 다정도 병인 양하여 잠 못 들게 하는 이 조년 선생의 '다정가'가 새겨졌다.

굽이진 산모롱이를 돌자 강은 더욱 깊게 내려앉아 벼랑은 아찔한데 경사가 급한 산기슭에 작은 집들이 층층이 자리를 잡은 '고정마을'은 푯돌에 새긴 '높은징이'라는 옛 이름이 오히려 다정하다. 왼편의 아래로는 소나무와 도토리나무가 빼곡하여 벼랑의 끝은 보이지 않으나 언뜻언뜻 보이는 푸른 물은 까마득한 깊이로 내려앉았고 오른쪽의 산기슭으로 작은 골짜기마다 우람한 바윗돌이 작은 계곡을 이루고 있어 한 모롱이를 돌면 '동우대'이고 또 한 굽이를 돌면 '동신대'가 있고 이어서 '첨모암'이 있어 바윗돌의 비경들이 골골이 이어진다.

송정마을과 마적대로 건너가는 용류교를 지나서 널따란 계곡 아래에 '용담입문'과 '구룡대'라 음각된 바윗돌이 가로누운 용유담으로 내려섰다. 기암괴석은 천지 창조자의 작품이라지만 거암거석을 갈고 다듬은 장엄한 조각들은 누구의 소작인가, 신이 빚은 작품인가! 아홉의 용이 노닐며 똬리를 틀었는지 항아리 같은 구덩이와 배밀이를 하고 간 흔적의 고랑이 비단결보다 매끄러워 아직도 온기가 남은 것 같은데 회돌이 하는 거센 물길의 소는 깊이를 알 수 없다. 그 옛날 김종직 선생이 선물로 받았다는 뱀사골 달궁의 돌못에서 내려와 용류담에 산다는 '가사어'가 다시 왔나 싶어서 목을 빼고 들여다보니 소용돌이 속으로 하늘이 내려앉아 흰 구름이 빙빙 돌고 오색단풍 영롱한 산도 따라서 빙빙 돈다.

여기서 불끈 저기서 불끈 육중한 바윗돌이 사방에서 옹호하여 가까스로 어지럼증을 떨치고 가던 길을 재촉하여 의탄교를 건너서 추성 계곡으로 들어섰다.

    벼랑마다 기암괴석 온갖 형상 기묘한데
    굽이굽이 계곡마다 옥수청담 별천지라
    떠가는 흰 구름마저 가던 길을 멈추네

고산준봉 골골이 오색단풍 영롱하고 자연 조화의 절묘한 풍경 속으로 빨려들듯이 비탈진 산길을 굽이돌아 벽송사 주차장에 닿았다.

속계와 법계의 가름을 없애려 함이던가. 일주문도 없고 천왕문도 없다. 악귀는 범접을 말고 속인은 삿된 생각을 버리라며 위풍당당하게 섰던 호법 대신과 금호 장군의 목장승도 세월의 무게가 버거워서 퇴역을 하고 이제는 비 가림의 보호각 안에 안치되어 나란하게 섰는데 금호는 어쩌다가 눈도 코도 잃었으며 둘은 하나같이 깊이 파인 주름살만 빈틈없이 남겼을까.

범종각을 돌아들어 뜰 안으로 들어서면 좌우로 선방이고 아래위도 선방인데 뒤편으로 자그마한 원통전과 산신각만 단청이 고울 뿐 거무스레한 목조 건물들이 마당을 사이에 두고 마주 앉자 중후한 멋을 낸다. 노송의 거목인 도인송과 미인송이 나란히 굽어보는 둔덕 위로 층층 계단을 오르니 그 옛날의 대웅전이 있었다는 또 하나의 널따란 마당 한 자락에 옛 내음이 물씬 나는 삼층 석탑이 단아한 기품과 수려한 자태로 애환 서린 옛 세월을 말없이 지켜오며 고고하게 홀로 섰다. 보물 제474호이다. 벽송 대사의 창건으로 부용, 청허, 부휴, 송운, 청매, 서룡 등 기라성 같은 정통 조사를 포함하여 108 고승 대덕들의 수행처로 조선불교 최고의 종가인 벽송사는 일명 '백팔 조사 행화 도량'이라고 불린다.

유장한 세월 속에 심산 법계 벽송사는 외란과 질곡의 역사로 성쇠를 거듭하면서도 중생들의 성불 인연을 오늘로 이어 오건만 반목으로 얼룩진 산문 밖의 세속을 서산은 뭐라시며 사명당은 뭐라고 하실까. 건너다보이는 칠선 계곡의 단풍은 불을 뿜는 듯 붉게 탄다.

96

불일 폭포

유난 깨나 떨던 폭염이 잠시 멈칫거리기에 북새통을 이루던 피서지가 더 여유롭지 않겠나 하고 여름방학을 맞은 외손녀 채연이를 앞장세우고 느긋하게 더위도 식힐 겸 하여 심산 절집을 벗 삼은 불일 폭포를 찾아서 길을 나섰다.

화개장터에서부터 거슬러 오르는 화개천의 물길도 여느 때와는 달리 가뭄의 여파로 실개천같이 가늘어졌고 북적거리던 피서 인파도 썰물처럼 빠지고 크고 작은 바윗돌만 옹기옹기 모여서 웅크리고 앉았다.

무성한 이파리로 하늘을 가려서 길게 터널을 이루고 줄지어 선 십리 벚꽃길을 벗어나 쌍계사로 잇는 다리를 그냥 지나쳐서 목압교를 건넜다. 천년의 향기 어린 녹차의 고장 목압마을로 들어서니 국사암 가는 좁다란 산길은 도랑을 따라 이어졌다.

아름드리 장송이 띄엄띄엄한 수림 사이에서 짙푸른 대숲이 우거져 그늘을 마련한 주차장 옆으로 불일 폭포로 가는 안내판이 국사암 오르는 돌계단 앞에 섰다. 심산유곡을 들었으니 산중 절집부터 찾아 입

산의 예를 먼저 갖출까 하고 수령 1200년의 사천왕수 옆으로 열려있는 국사암 대문 안으로 들어섰다. 산중암자치고는 꽤 큼지막한 'ㄷ'자의 본존 건물의 중앙 정면에는 커다랗게 '국사암'이라는 편액이 걸렸다. 안쪽 깊은 중앙이 인법당으로 우로는 칠성전과 명부전을 좌로는 염화실과 옹호문을 나란하게 거느리고 천년 고찰의 옛 내음을 그윽하게 풍긴다. 마루청을 올라 법당으로 들었더니 목조 여래좌상이 지긋한 미소로 중생을 반기신다. 839년 신라 문성왕 원년에 혜소 진감 선사께서 암자를 세워 주석하셨던 '보월암'이었다는데 민애왕이 스승으로 봉하여 선사를 국사로 칭하였다 하여 '국사암'이라는 이름으로 바뀌었다.

국사암을 나서서 불일 폭포를 찾아 본격적인 산길로 접어들었다. 수많은 중생들이 천년 세월을 두고 오고 간 흔적일까. 속죄하며 올리고 소원 빌며 올린 돌이 켜켜이 쌓고 쌓인 돌탑을 지나면 작은 고갯마루에서 쌍계사로 가는 길과 불일 폭포로 올라가는 길이 나뉘지는 삼거리에 닿는다. 쌍계사 0.3㎞, 불일폭포 2.0㎞라는 이정표를 지나 끊어질 듯 이어지는 산모롱이를 돌아서자 바윗돌이 우람한 덩치로 너덜겅을 이루는 계곡 길이다. 편편한 돌을 언제 누가 이토록 튼실하게도 촘촘히도 깔았을까. 세월에 닳고 닳아 반들거리는 계곡길을 오르면 계곡이 깊어지면 방부목 다리가 놓여 있고 야트막한 계곡에는 아름드리 바윗돌의 징검다리가 넓적넓적한 등짝을 내밀고 줄지어서 앉았건만 계속되는 가뭄으로 할 일 없어 미안한지 웅크린 모양새가 가엾고도 처량하다.

희끗희끗한 돌이끼가 채색된 웅장한 바위가 길섶을 지키는 틈새를 돌 때마다 길은 점점 가팔라지고 인적 없는 산속의 적막감이 깊어만 가는데 외진 길 걷는 객의 적적한 심사를 눈치라도 챘었는지 꼬리를 짊어진 바위 끝의 다람쥐가 엉덩이를 씰룩거리며 길 안내를 나섰다. 한눈을 잠시 팔면 흔적조차 없다가도 어느새 저만치서 쪼르르 앞서 가며 쫑긋쫑긋 신이 났다.

세월의 때가 되어 돌이낀가 했는데 바윗돌에 새겨진 문양은 분명한 글씨인데 이두 문자일까 상형 문자일까 손바닥으로 쓸고 닦아도 가늠이 안 가는데 저만치의 또 다른 바위는 고운 최치원 선생께서 청학을 타고 넘나들 때 청학을 부르던 '환학대'라 했다. 쌍계사에 있는 국보 47호인 '진감국사대공덕비'의 비문을 고운 선생은 이곳 환학대에서 지으셨다니 다시 한번 돌아보게 하는 커다란 바위이다.

환학대를 지나 '마족대'라는 커다란 바위에 섰다. 길에서는 평평하지만 내려다보면 계곡에 뿌리를 박은 아찔한 절벽이다. 임진왜란 때 원군으로 온 명나라의 이여송이 말을 타고 지리산을 오르내린 말발굽의 자국이 있다 하여 '마족대'란다.

조릿대인 산죽이 우거진 산길은 갈수록 가팔라지더니 훤하게 고갯마루의 천공이 먼동이 트듯이 밝아 왔다. 불일 평전에 닿은 것이다. 등산객들이 왁자지껄했던 산장이었을까. 인적은 끊어지고 거미줄만 뒤엉킨 초라한 폐가는 을씨년스럽다. 옛적의 이맘때면 감자 삶고 옥수수 삶는 냄새로 하얀 연기가 모락모락 이웃끼리 정겨웠으련만 잡초가 우거진 폐허는 옛 영화를 잃은 채 말없이 허무하다.

고갯마루에 닿아 비스듬한 비탈로 내려서자 통행 제한의 그물망에 낙석 제거 공사 중이니 우회하라는 현수막이 막아섰다. 우회하는 비탈길은 위험천만이다. 열한 살 난 채연이가 제 몸 가누기도 힘들 건데 할아버지가 미끄러질까 봐 걱정이 태산이다. 돌아보고 돌아보며 '괜찮으셔요'를 연발하며 다부지게 앞장을 선다. 밧줄을 잡고 이어지는 좁은 길은 깊이를 알 수 없는 낭떠러지 위로 아슬아슬하게 이어졌다. 길도 아니었던 산길을 우회하라니 막막하지만, 곡예를 하다시피 작은 골짜기를 건너서자 야트막한 돌 축대가 골짜기와 잇대어 길게 층을 이루고 있어 오래전의 천수답임이 짐작되는데 고산준령을 이고 지고 넘어야 했던 옛사람들을 생각하니 힘들어했던 게 미안하고 부끄럽다. 암말 않고 급경사의 비탈을 밧줄을 잡고 내려서자 길옆으로 들깨와 가지와 고추가 심어진 작은 텃밭의 울타리에 '스님의 채마밭'이라는 알림판이 있어 '불일암'이 코앞이다 싶어 안도의 숨을 내쉬는데 폭포의 물소리가 들려왔다.

한결 가벼워진 발길을 옮기자 숲속에 가려진 기와지붕의 용마루가 더없이 반가웠다. 임시 등산로는 불일암 뒤로 들게 돼 있었다. 오두막 같은 산중 절집이겠지 했더니 앞으로는 반듯한 요사채를 거느리고 축대 위의 대웅전은 맞배지붕의 삼 칸 겹집으로 단청도 화려하고 풍모도 당당하다. 법당으로 들어 헌향의 예를 갖추고 축대 아래의 샘물을 한 쪽박 들이켜니 심신이 날 것 같다. 이제야 사방의 풍광이 눈에 잡힌다. '비폭정상불일암(飛瀑頂上佛日庵)'이라는 주련이 걸린 요사채의 댓돌 위에 가지런하게 놓인 한 켤레의 하얀 고무신이 어쩐지 처량한데 추녀 끝의 등롱은 오수로 잠들었고 산 높은 봉우리엔 흰 구름이 한가롭다.

중생의 인적에 요사채의 문이 열리고 준수한 용모의 젊은 스님이 합장으로 반기신다. 무지한 중생과의 선문답이 오간 끝에 법명이 '일롱'이란다. 축대에 기대선 지게가 손때 묻어 반들거려 스님을 또 한 번 보게 한다. 옛사람들도 잔나비나 다닐 만한 길이라고 한 첩첩산중의 작은 암자에 스님 홀로 주석을 하다니 기가 막힌다. 퍼뜩 한 구절 지어본다.

삼신고봉 백운휴(三神高峯 白雲休)
비폭불일 독고승(飛瀑佛日 獨孤僧)

허리띠 졸라맸던 부모 은덕 어쩌자고 속세와 절연하고 가사 장삼을 걸쳤을까, 천륜 끊고 인륜 끊고 심산 절집 외진 곳에 주야장천 독경 염송 용맹정진 끝이 없고 죄업 빌며 절하면서 목탁 치며 밤새워도 성불 득도 요원하고 세월만 속절없어 불혹을 넘었구나.

아하! 어쩌다 주제넘게 성역을 범하는 우를 저질렀으니, 합장으로 예를 가름하고 요사채 앞으로 난 절집 문의 돌계단을 내려서서 담장을 따라 급경사로 이어진 나무 계단을 조심스레 내려갔다. 웅장한 암벽을 타고 세차게 쏟아지는 불일 폭포와 마주 섰다. 가뭄으로 물줄기가 가늘기는 했어도 망설임도 머뭇거림도 없이 거침없이 쏟아져 내리는 물줄기는 가슴을 벅차게 한다. 훗날 가뭄이 가시면 다시 와서 보리라, 불일 폭포의 웅장하고 장엄함을….

97

시일야방성대곡

검찰이 제아무리 무소불위의 권력을 휘두른다 해도 판사의 판결 없이는 압수수색도 할 수 없으며 체포구금도 하지 못한다. 그런데 마치 검사가 정치인들의 부정과 비리를 무소불위의 권력으로 낱낱이 탈탈 털어 없는 죄도 덮어씌워 잡아 가두는 것으로 국민을 착각에 빠지게 했다. 정치인들이 선동하고 기자들이 앞서간다. 국민은 가스라이팅 당한 상태다.

검찰이 무소불위여서 수사권과 기소권을 경찰에 안겼고 신설되는 중대범죄수사청은 행안부 소속으로 두겠다며 공수청만 법무부에 두고 아예 검찰청을 없애기로 했다. 검찰은 무장해제 되고 행정안전부가 완전무장을 했다.

민주주의는 삼권분립이 기틀이다. 서로 견제하고 권한의 오남용을 막자는 취지로 입법 사법 행정으로 분권화한 것이다. 대통령이 수반인 정부와 국회의장이 수장인 국회, 그리고 대법원장이 수장인 사법부로 나뉜 3부이다. 3부 중에서도 가장 독립성이 보장되어야 하는 곳이 사법부. 사법부의 독립성이 중요한 것은 모든 국민은 법 앞에

평등하다는 헌법 정신이다.

누구의 간섭도 받지 않고 판결할 수 있게 했고 죄형법정주의가 보장되어 있으며 사실관계에 의한 증거재판을 원칙으로 하고 있다. 그래도 혹여 흠결이 있을 수 있다 하여 3심제도를 두어 항소 항고에 의해 대법원의 판결까지 받을 수 있게 하여 피의자의 방어권과 권리보장도 확실하게 했다. 변호인의 조력까지 받아 가며 구속 전에 구속 실질심사를 받을 수 있어 소명의 기회를 주고 있으며 구속이 되었더라도 구속적부심 신청을 할 수 있고 선고 또한 3심까지 가면서 무죄의 취지로 방어권을 충분히 보장받고 있어 검찰이 무소불위로 밀어붙인다고 해서 무죄가 유죄로 판결되지 않는다.

검찰 개혁은 국민의 발의가 아니고 정치인들의 발의였고 검찰청 폐지도 국민의 뜻이 아니라 현 정권의 뜻이다. 검찰청 폐지를 두고 여당이야 주창자이니 말할 것도 없지만 야당에서도 단 한 명의 국회의원도 가타부타 입도 뻥긋 안 한다. 그들에게도 검찰은 언제나 저승사자일 수 있기 때문이다. 하지만, 갑돌이도 갑순이도 성역 없는 수사를 바랄 뿐 검찰의 무소불위와는 아무런 상관이 없다. 부정과 비리는 정치인의 전유물이고 모든 부정과 비리는 권력에서 나온다.

검찰이 정치권의 고위층에게는 저승사자였지 소시민에게는 해결사였고 때로는 구세주였다. 제헌 77년 만에 사법부에 조종이 울리고 검찰청의 막이 내린다. 시일야방성대곡 오호통재라.

98

아나 콩콩

'아나 콩콩'은 상대방에게 어림 반 푼어치도 없다는 뜻으로 경상도 사람들이 흔히 쓰던 말이다. 일언지하의 단순한 거절이나 부정의 뜻만이 아니라 장난기와 비아냥거림을 섞어, 부아를 지르는 말로써 비표준어이다.

'아나'는 모르는 아이를 부를 때 쳐다보게 하는 요즘의 '저기요'와 같은 뜻으로도 쓰였고, 물건을 건네줄 때 받으라는 뜻으로 '아나' 혹은 '아나 여기 있다'라고도 쓰던 말이고, '콩콩'은 부아를 지르거나 놀리려고 앞의 말을 뒤집는 소리 말이다.

비표준어이긴 해도 국어순화에 어긋나는 말은 아니다. 이유야 어떻든 지난번의 진주성 글에 "카톡의 알림음이 성가시게 굴어 모두 무음으로 설정해 놓고 한걱정 덜었다고 생각했는데 '아나 콩콩'이다. 암팡진 소리만 없다 뿐이지…"로 원고를 보냈더니 '아나 콩콩이다'가 지면에는 삭제되었다. '아나 콩콩'이 있는 것과 없는 것은 큰 차이다. 비표준어라서 작은따옴표까지 붙였다. 말과 글은 사투리든 신조어든 단순한 의사 전달만 하는 것이 아니라 시대의 흐름에 따른 순리적인 동화와 변천변화에 맡겨져 정서와 감정까지 충분하게 전달되면 시쳇말이 되어 널리 사용된다.

　예쁜 꽃도 모양새만큼이나 향기도 중요하고 화중지병이 제아무리 맛있게 보여도 보리 개떡보다 못하다. 문장에는 겉과 속으로 흐르는 정감이 있어야 감칠맛이 난다. 내용이 탐나서 시도를 자주 하지만 단번에 읽지 못하고 자꾸만 책을 덮게 하는 세기의 석학이 쓴 『임어당 전집』이 그 실례다. 문학작품은 논문과 다르다. 구절의 이음새가 껄끄럽거나 속뜻의 흐름이 삐걱거리면 책을 덮게 된다.
　시에는 내재율만큼이나 외재율도 중요하여 제아무리 미사여구를 나열하여도 어감이 주는 정감이 없으면 맹탕이다. 양념 한 가지가 음식의 감칠맛을 내듯이 단어 하나가 글의 멋을 내고 맛을 낸다. 멋은 음절의 장단으로 어감의 리듬이며 맛은 내용의 정감이 주는 마음의 끌림이다. 해독을 위해 한 번 더 읽게 하는 것보다 묘한 감정을 불러오고 있어 한 번 더 읽게 하는 작품이 감칠맛이 나는 작품이다.

　문장이 단어와 단어의 연결이기 때문에 단어 하나가 각각으로 소중하다. 어감까지 알맞은 단어 하나가 생각나지 않아 며칠 밤낮을 고민하는 때도 더러 있다. 독자들이 어떻게 보는지는 댓글이 달리지 않아서 모르지만 '진주성' 한 편을 쓰는데 짧게는 20~30분이 걸리고 한 단어 또는 한 구절이 마음에 들지 않아서 게으름까지 보태지면 사나흘도 걸린다. 독자들의 댓글이 반론이든 질타이든 줄줄이 올라오기를 바라는데 '아나 콩콩'이 아니길 바란다.

99

여명의 몸부림

 연일 계속되는 불볕더위를 견디며 그렁저렁 하루를 끝내고 잠자리에 들어도 열대야로 잠 못 들어 애를 먹었는데 언제 잠이 들었던지 어느새 창문이 훤하게 밝아 온다. 세상사에 얽히고설킨 매듭이 어디 한둘인가. 밤마다 있는 속없는 속 다 비우고 허전한 속을 다잡으며 보다 나은 새날을 기다렸던 어제의 내일이 창문 밖에 미리 와서 기다린다. 그러나 새날이 오는 반가움은 순간이다. 어제 같은 오늘이라는 것이 퍼뜩 머릿속을 스치기 때문이다.
 부딪치고 싶지 않은 것들, 간섭받고 싶지 않은 것들, 쫓기고 싶지 않은 것들, 부대끼고 싶지 않은 것들, 버겁게 옥죄어 오는 쪼들림에 이리저리 돌아눕기를 거듭하여도 실마리를 찾지 못해 떴던 눈도 감아버린다. 새벽마다 미리 와서 들볶는 그들이 풀숲의 모기떼만큼이나 성가시다. 잠들기 전에 가까스로 다잡은 속을 또 뒤집는다. 일상에서 맺힌 고를 새를 갈라 풀기를 수없이 하는데도 새벽이면 여명의 몸부림으로 생병을 앓는다. 불확실성의 시대를 사는 우리들의 일상이다.

보다 나은 새로운 변화가 있겠지 하고 떨치고 일어나 일상을 끌어안아야 하는데 몸이 움직여 주지 않는다. 한 발짝도 나아가지 못하는 하루가 버겁고 두렵다. 아무리 나부대도 기댈 곳이 없고 믿을 데가 없어 허우적거리는 몸부림이다.

달리고 달려도 다람쥐 쳇바퀴 돌듯 언제나 제자리에서 기진해진다. 그렇다고 털썩 주저앉아 버릴 수도 없는 것이 우리의 삶이다. 열정과 땀의 무게가 솔직하게 계량되는 날이 더디지만 오고 있는 것은 분명하다. 믿음의 끈을 놓지 말아야 한다. 그것은 어제와 오늘 그리고 내일을 잇는 질기고 모진 우리들의 삶의 끈이다. 놓아버리고 싶어도 놓지 못하는 끈끈한 줄이다. 부모 형제가 날아 놓은 씨줄이 있고 가족이 엮어놓은 날줄이 있고 주변의 많은 사람과 새겨놓은 무늬가 있어서다. 삶의 얼룩을 씻는 것도 수행이고 반복하며 채색하는 것도 지혜이며 엇나간 결을 다듬는 것도 성찰이다. 바람이 그칠 때를 기다리지 말고 여명이 걷히기를 기다리지 않아야 불확실한 미래를 개척할 수 있다.

도움닫기 할 때 잠시만 비켜주었더라면, 턱걸이로 바둥거릴 때 조금만 받쳐주었더라면, 하고 서운해할 것 없다. 자세히 들여다보면 나만 그런 것이 아니다. 다들 그러면서 살고 있다. 피해의식에 빠지면 한 발짝도 못 나간다. 새로운 발상이 재산이다. 여명은 새날을 예비하는 마지막 어둠이다.

100
칠불사 가는 길

가을의 들녘은 뿌려서 가꾼 자인 농부들의 몫이고 가을의 강변은 먼 길 찾아온 기러기의 몫이며 가을의 산은 바지런을 떠는 다람쥐의 몫이지만 가을의 길은 길 떠나는 나그네인 여행자의 몫이다. 그래서 가을이 오면 어딘가는 몰라도 그냥 떠나보고 싶어져 역마살이 충동질을 하는 계절이다.

사주에 타고난 역마살로 속절없는 유량의 삶을 그린 김동리 선생의 소설 역마의 배경 속으로 80년의 세월을 거슬러서 화개장터의 옥화네 주막에서부터 엄마의 이복동생인 줄도 모르고 러브스토리를 엮으며 성기가 계연이와 함께 걸었던 칠불사 가는 길을 되밟을 요량으로 길을 나섰다.

섬진강을 거슬러 오르면 사연 많은 풍광들이 발목을 붙잡는다.

　　애달픈 역사가 굽이굽이 서린 강
　　주옥같은 옛 노래가 흘러가는 강
　　하고많은 소설로 이어지는 강
　　시인 묵객 가슴속에 꿈을 꾸는 강

바라만 보아도 가슴 저린 강!

정취에 매료되면 오도 가도 못하는 섬진강이다.

딴마음 들기 전에 백사청송 붙잡아도 본체만체 외면하고 악양동천 평사리도 다시 오마 뿌리치고 화개장터에 차를 세웠다.

사시사철 시끌벅적한 화개장인 줄이야 이미 알지만, 오전 일찍부터 꽤나 부산하다. 등산복 차림의 산객들이 꾸역꾸역 몰려들고, 산약초 가게마다 차를 끓이는 냄새가 사방에서 풍기는데 각설이 엿장수는 연지곤지 분단장에 속곳이 드러나게 치맛자락 걷어 올려 허리춤에 동여매고 장구를 둘러메고 조이개를 죄는 품이 신명 나게 한바탕 놀아볼 요량인지 차림새를 다 갖췄고 대장간의 쇠메 소리는 아까부터 시작됐다.

성기는 지금쯤 어느 고을 장터에서 육자배기의 구성진 가락으로 엿가위 질을 하고 있을까. 천복을 타고날 것이지 하필이면 시천역의 역마살이 무어람. 성기의 사주로는 홀어미 옥화의 곁에서 화개장터의 책 장수로 살아가기에는 애당초에 글렸으니 팔도 유랑의 엿장수가 속절없는 팔자이다.

역마 속에 늘어섰던 주막집의 옛 정취는 흔적이 없는데 골을 지어 늘어선 가게마다 온갖 약초들이 산더미같이 빼곡하게 층층이 쌓여서 저마다 이름표를 달고 찾는 이를 기다린다. 시음용 약차를 한 잔 얻어 마시니 향긋한 한약 내음이 머리를 맑게 한다.

발길을 돌려서 골목 안에 복원한 옥화 주막을 찾았다. '소설 역마의 옥화 주막'이라는 간판 아래 동동주, 선지국, 파전 등 먹음직스런 차림표가 빼곡히 적힌 문으로 들어섰다. "주모!" 하고 크게 불러볼까 하다가 선착한 나그네들이 둘러앉아 있어 빈자리를 잡았다.

예쁘장한 아낙이 혼자서 바쁘다. 주모인 옥화는 출타를 하였을까, 성기의 소식이라도 들은 걸까, 계연의 혼사 기별이라도 받고 구례로 갔을까, 하룻밤의 연정으로 성기를 잉태시키고 강원도의 어딘가로 떠나버린 떠돌이 중의 행방이라도 찾아 나섰단 말인가, 아버지라고 한 번도 불러보지도 못하고 떠나보낸 체 장수의 부음이라도 받은 것일까. 소설 속의 36년 전, 이름도 모르는 남사당패와의 단 하룻밤의 동침으로 자기를 낳아 준 어머니의 천도재라도 올리려고 칠불사로 갔을까. 허름한 초가지붕을 마주하고 앉으니 머릿속은 온통 역마의 소설 속을 헤매고 있다.

파전 안주에 동동주 한잔으로 입을 가시고 칠불사 가는 길로 발길을 돌렸다. 십 리 벚꽃길은 단풍으로 물들어 가는데 쌍계천 건너로 보이는 진초록의 산기슭은 '왕의 녹차'로 유명세를 떨치는 녹차밭이 띄엄띄엄 줄지어 늘어섰다.

쌍계사 주차장 맞은편에서 야생 녹차 박물관으로 건너가는 널따란 다리와 쌍계교 앞을 지나면 이내 또 하나의 다리에 '목압문'이라는 초서 현판이 붙은 일주문이 다리목에 우뚝 섰다. 목압마을과 국사암으로 건너가는 '목압교'이다. '천년터전 다향목압'이라는 주련까지 붙었다. 진감국사께서 길지를 찾아 앉으라고 나무 기러기를 깎아서 날려보낸 곳이라 하여 '목압(木鴨)'이라 하고 기러기가 내려앉은 곳에 국사암을 지었다는 창건 설화가 전해오는 곳이며 진감국사께서 830년에 중국에서 갖고 나온 녹차 씨앗을 뿌렸다니 1200년에 가까운 옛 세월이 흘렀으니 '천 년의 터전 차의 고향 목압'이라고 할 만도 하다.

맑은 물과 바윗돌이 계곡의 멋을 내고 고산준봉 어우러져 그림 같은 풍경인데 소품처럼 내려앉은 현대식 건물이 심산계곡에서 품평회라도 여는 것일까, 저마다 모양새가 다른 크고 작은 집들이 녹차를 덖어서 차를 만드는 제다원이고 펜션이며 민박집들이 계곡을 따라 이어졌다.

굽이진 길을 따라 범왕교를 건너니까 껌버섯과 푸른 이끼가 희끗희끗한 웅장한 돌탑이 수령 250년의 서어나무 아래서 세월의 무게를 버티고 옛 세월을 지키는데 오가는 이들의 쉼터로 평상을 마련했다는 팔순을 넘긴 토끼봉 산장의 최성래 할아버지는 빤하게 보이는 원범왕 마을 뒷산을 가리키며 옛 얘기를 들려준다.

커다란 호랑이바위가 입을 크게 벌리고 내려다보고 있어 이 마을에는 악귀가 범접을 못 한다면서 6·25의 3년 전쟁이 여기서는 빨치산 잔당 토벌까지 10년 전쟁이었다며 피아가 밤낮으로 뒤바뀌는 공포와 불안의 나날에도 희생된 주민이 없었고 전국을 휩쓸며 창궐했던 호열자도 범접하지 않았다며 비보의 돌탑을 쌓으라고 일러준 노스님의 고마움을 잊지 못한다며 범바위가 빤하게 보이도록 나무를 좀 잘라 달래도 젊은이들이 말뜻을 모른다고 안타까워하며 손주들조차 객지로 떠났으니 수로왕이 머무셨던 대궐터와 벽소령 넘나들던 옛 얘기조차 전할 길이 없다며 못내 아쉬워한다.

범왕교를 지나고부터 길은 꼬불거리며 가팔라지고 이내 널따란 주차장에 '지리산 칠불사'라 쓰인 일주문으로 들어섰다. 나뭇가지 사이로 기와지붕이 어렴풋이 보이는데 외숙 장유화상 보옥을 따라온 일곱 왕자가 성불을 하면 그 모습이 비춰질 것이라는 말대로 가락국의 수로왕이 부인 허황후와 함께 부처가 된 일곱 왕자의 모습을 보았다는 영지에는 울창한 수목의 그림자만이 영롱하게 비친다. 맞은편 둔덕의 칠불사 사적비 뒤로 세월의 무게가 역력한 부도탑이 반야봉 깊은 골을 조석으로 울릴 것 같이 범종을 빼어 닮았고 이내 주차장을 겸한 널따란 마당 한가운데에 새까만 오석으로 배례석이 놓여 있다.

네댓 단의 층을 지운 층층의 돌계단은 웅장하고 '동국제일선원'이라는 커다란 현판이 붙은 문루는 장엄한데, 문루 안마당으로 돌계단은 이어지고 대웅전 안으로 금빛 본존불이 빤히 보여 배례석에 올라 삼배의 예를 올리고 문루 안으로 들어섰다. 높다란 대웅전의 왼편엔 초의선사께서 정진하셨던 아자방은 중수 중이고 문수전 앞마당에도 배례석이 마련돼 있어 예를 올렸다. 칠불의 스승인 문수보살의 상주도량 칠불사는 청명, 벽송, 서산 등 고승 대덕의 수행처였고 지금은 가야 불교 연구의 중심의 축으로 우뚝하게 섰다.